Zu diesem Buch

«In dieser kleinen Geschichte vermitteln wir Ihnen das Wesentlichste von dem, was wir auf unseren Spezialgebieten Medizin und Verhaltenswissenschaft darüber erfahren konnten, wie Menschen am besten mit anderen Menschen zusammenarbeiten.
Mit ‹am besten› meinen wir: Wie erzielen Menschen sehr gute Ergebnisse und entwickeln dabei gleichzeitig eine positive Grundeinstellung zu sich selbst, zu ihrem Unternehmen und zu den Menschen, mit denen sie es zu tun haben?
Diese Geschichte vom Minuten-Manager bietet in möglichst einfachen Worten das Konzentrat dessen, was wir von vielen weisen Menschen gehört und was wir durch eigene Erfahrung selber gelernt haben. Wir wissen, wieviel wir denen verdanken, die uns ihre Weisheit anvertraut haben. Wir wissen daher auch, daß die Mitarbeiter, die Sie zu leiten haben, sich Ihrer Weisheit anvertrauen wollen.
Darum sind wir ganz sicher, daß Sie für sich in diesem Buch praktisch anwendbares Wissen entdecken und in Ihren beruflichen Alltag als Führungskraft einbringen werden. Wie der chinesische Weise Konfuzius uns allen gesagt hat: ‹Das Entscheidende am Wissen ist, daß wir es beherzigen, daß wir es anwenden.›
Wir hoffen, daß Sie die so einfach klingenden Einsichten, die in dieser Geschichte vom Minuten-Manager stecken, freudig aufgreifen und sofort in die Praxis umsetzen, wodurch Ihr eigenes Leben und das Ihrer Mitarbeiter auf jeden Fall leichter, schöner und reicher werden wird.
Das Symbol des Minuten-Managers – die Minutenangabe auf einer modernen Digitaluhr – soll jeden von uns daran erinnern, täglich eine Minute lang den Menschen ins Gesicht zu schauen, mit denen wir zusammenarbeiten: Sie sind das wertvollste Kapital, das wir haben.»

Dr. Kenneth Blanchard ist ein international renommierter Unternehmensberater: «Nebenher» lehrt er als Professor für Betriebspsychologie an der University of Massachusetts und ist ein Mitglied der berühmten National Training Laboratories. Als Unternehmensberater ist er tätig für Organisationen wie Xerox, Chevron, Holiday Inn und – die UNESCO.

Dr. Spencer Johnson, Arzt und Psychologe mit einer Ausbildung in Harvard und an der Mayo Clinic, ist mit zahlreichen medizinischen Büchern bekannt geworden – darunter auch eine besondere Kinderbuchreihe. Die Gesamtauflage seiner bisherigen Werke liegt bei 3 Millionen Exemplare.

Kenneth Blanchard
Spencer Johnson

Der :01® Minuten-Manager

Deutsch von
Hermann Gieselbuch
und Gitta Joost

rororo
Rowohlt

Die Originalausgabe erschien 1982 unter dem Titel
«The One Minute Manager»
bei William Morrow and Company, Inc., New York
Umschlaggestaltung Werner Rebhuhn

Veröffentlicht im Rowohlt Taschenbuch Verlag GmbH,
Reinbek bei Hamburg, Dezember 1993
«The One Minute Manager»

«Der Minuten-Manager»

Gesamtherstellung Clausen & Bosse, Leck
Printed in Germany
1200-ISBN 3 499 18883 x

:01 Das Symbol

Das Symbol des Minuten-Managers –
die Minutenangabe auf einer
modernen Digitaluhr –
soll jeden von uns daran erinnern,
täglich eine Minute lang
den Menschen ins Gesicht zu schauen,
mit denen wir zusammenarbeiten:
Sie sind das wertvollste Kapital,
das wir haben!

Inhalt

:01 Einleitung

In dieser kleinen Geschichte vermitteln wir Ihnen das Wesentlichste von dem, was wir auf unseren Spezialgebieten Medizin und Verhaltenswissenschaft darüber erfahren haben, wie Menschen mit anderen Menschen am besten zusammenarbeiten können.

Mit «am besten» meinen wir: Wie erzielen Menschen gleichzeitig sehr gute Arbeitsergebnisse *und* entwickeln dabei eine positive Grundeinstellung zu sich selbst, zu ihrem Unternehmen und zu den Menschen, mit denen sie es zu tun haben?

Diese Geschichte vom 1-Minuten-Manager bietet in möglichst einfacher Sprache das Konzentrat dessen, was wir von vielen weisen Menschen gehört und was wir durch eigene Erfahrung gelernt haben. Wir sind uns bewußt, wieviel wir denen verdanken, die uns ihre Weisheit anvertraut haben. Daher ist uns auch bewußt, daß die Mitarbeiter, die Sie zu leiten haben, sich *Ihrer* Weisheit anvertrauen *wollen*.

Darum sind wir ganz sicher, daß Sie in diesem Büchlein praktisch anwendbares Wissen entdecken und dies in Ihren beruflichen Alltag als Führungskraft einbringen werden. Wie der chinesische Weise Konfuzius uns allen gesagt hat: «Das Entscheidende am Wissen ist, daß wir es beherzigen und anwenden.»

Wir hoffen, Sie werden die so einfach klingenden Einsichten, die in dieser Geschichte vom 1-Minuten-Manager stecken, freudig aufgreifen und gleich in die Praxis umsetzen. Auf jeden Fall wird dadurch Ihr eigenes Leben und das Ihrer Mitarbeiter gesünder, schöner, leichter und kreativer.

Kenneth Blanchard
Spencer Johnson

:01 Der 1-Minuten-Manager

ES WAR EINMAL ein aufgeweckter junger Mann, der wollte einen besonders fähigen Manager kennenlernen.

Für einen solchen wollte er arbeiten. Und er wollte selbst einer werden.

Seine Suche dauerte viele Jahre und führte ihn in die entlegensten Ecken der Welt.

Er hatte sich in kleinen Städten und in den Metropolen mächtiger Nationen umgesehen.

Er hatte mit zahlreichen Managern gesprochen: mit Regierungsbeamten und Offizieren, mit Baustellenleitern und Geschäftsführern, mit Institutsdirektoren und Vorarbeitern, mit Aufsichtsbeamten und Gewerkschaftsfunktionären, mit den Leitern von Einzelhandelsfilialen und Restaurants, von Bankzweigstellen und Hotels, mit Männern und Frauen – mit jungen und alten.

Er hatte in den unterschiedlichsten Büros gesessen, in großen und in kleinen, in protzigen und in schlichten, hinter riesigen Glasfronten oder vor grauen Wänden.

Allmählich bekam er einen Überblick über das gesamte Spektrum der Menschenführung und der Leitungsfunktionen.

Aber es gefiel ihm längst nicht alles, was er zu sehen bekam.

Er hatte viele «harte» Manager erlebt, deren Geschäfte gutgingen (schien es), während es der Belegschaft schlechtging.

Einige ihrer Vorgesetzten glaubten, sie seien gute Manager.

Viele ihrer Untergebenen glaubten das Gegenteil.

Und wenn der junge Mann bei diesen «harten Leuten» im Büro saß, stellte er immer die Frage: «Als was für eine Art Manager sehen Sie sich selber?»

Die Antworten liefen alle auf dasselbe hinaus.

«Ich bin ein autokratischer Manager – ich habe alles fest im Griff», bekam er zu hören. «Ich bin einer, der am ‹Schluß ein Plus schreiben kann.» «Durchsetzungsfähig.» «Realistisch.» «Gewinnorientiert.»

Er hörte den Stolz in ihrer Stimme und ihr Interesse am Endergebnis.

Der Mann lernte auch viele «nette» Manager kennen, deren Belegschaft es gutzugehen schien, während ihre Geschäfte schlechtgingen.

Einige der Mitarbeiter, die ihnen unterstellt waren, hielten sie für gute Manager.

Diejenigen, denen sie selbst unterstellt waren, hatten da ihre Zweifel.

Wenn der Mann von diesen «netten» Menschen seine Frage beantwortet bekam, hörte er:

«Ich bin ein demokratischer Manager.» «Teamorientiert.» «Fördernd, nicht fordernd.» «Einfühlsam.» «Menschlich.»

Er hörte den Stolz in ihrer Stimme und ihr Interesse am Menschen.

Aber etwas störte ihn.

Es sah so aus, als ob die meisten Manager auf der Welt in erster Linie entweder interessiert waren an den Endergebnissen oder an den Menschen.

Die Manager, die an den Endergebnissen interessiert waren, schienen oft als «autokratisch» abgestempelt zu werden, während die an den Menschen interessierten Manager oft als «demokratisch» abgestempelt wurden.

Der junge Mann war der Ansicht, daß beide Managertypen – der «harte» Autokrat und der «nette» Demokrat – nur zum Teil effektiv waren. «Als ob sie nur mit halber Kraft arbeiten», dachte er.

Müde und enttäuscht kehrte er nach Hause zurück.

Wahrscheinlich hätte er seine Suche schon längst aufgegeben, wenn er nicht einen großen Vorteil gehabt hätte: Er wußte genau, wonach er suchte.

«Wirklich leistungsfähige Manager», dachte er, «setzen sich selbst und ihre Mitarbeiter so ein, daß sowohl der Betrieb als auch die Betriebsangehörigen von ihrem Einsatz profitieren.»

Überall hatte der junge Mann nach solchen leistungsfähigen Managern gesucht, aber nur wenige gefunden. Und die wenigen, die er fand, wollten ihm ihre Geheimnisse nicht preisgeben. Allmählich glaubte er, daß er wohl niemals herausfinden würde, was denn nun tatsächlich einen solchen besonders befähigten Manager ausmacht.

Doch dann kamen ihm erstaunliche Geschichten über einen ganz besonderen Manager zu Ohren, der – wie konnte es anders sein? – auch noch ganz in der Nähe lebte. Er hörte, daß die Menschen für diesen Mann gern arbeiteten und daß sie gemeinsam tolle Ergebnisse erzielten. Der junge Mann fragte sich, ob diese Geschichten denn auch wirklich stimmten und, wenn ja, ob der betreffende Manager auch wirklich bereit sein würde, ihn in seine Geheimnisse einzuweihen.

Aus reiner Neugier rief er die Sekretärin des besonderen Managers an und bat um einen Termin. Die Sekretärin stellte das Gespräch sofort durch.

Der junge Mann fragte nun diesen besonderen Manager, wann er Zeit für ihn hätte. Er hörte: «Jederzeit diese Woche, außer Mittwoch vormittag. Sie können sich's aussuchen.»

Der junge Mann mußte heimlich lachen: Dieser vermeintlich so erstaunliche Manager hörte sich eher wie ein Spinner an. Denn welcher Manager hatte schon so viel Zeit zur Verfügung? Aber fasziniert war der junge Mann. Also ging er zu ihm hin.

ALS DER JUNGE MANN das Büro des Managers betrat, sah er ihn am Fenster stehen und hinausschauen. Als der junge Mann sich räusperte, drehte sich der Manager um und lächelte. Er forderte den jungen Mann auf, sich zu setzen, und fragte: «Was kann ich für Sie tun?»

Der junge Mann sagte: «Ich möchte Ihnen einige Fragen über Ihre Art der Menschenführung stellen.»

«Schießen Sie los», sagte der Manager bereitwillig.

«Nun, als Einstieg: Halten Sie regelmäßig Konferenzen mit Ihren Mitarbeitern ab?»

«Ja, das tue ich – einmal pro Woche am Mittwoch von neun bis elf Uhr. Das war auch der Grund, weshalb ich mich um die Zeit nicht mit Ihnen treffen konnte», erwiderte der Manager.

«Was machen Sie auf diesen Konferenzen?» forschte der junge Mann.

«Ich höre zu, während meine Leute die Ergebnisse und Probleme der vergangenen Woche auswerten und analysieren und festlegen, was noch getan werden muß. Danach entwickeln wir Pläne und Strategien für die folgende Woche.»

«Sind die Entscheidungen, die während solcher Konferenzen getroffen werden, sowohl für Ihre Mitarbeiter als auch für Sie selbst bindend?» wollte der junge Mann wissen.

«Selbstverständlich», betonte der Manager. «Welchen Sinn hätte die Sitzung, wenn sie das nicht wären?»

«Dann sind Sie also ein teamorientierter Manager, nicht wahr?» fragte der junge Mann.

«Ganz im Gegenteil», betonte der Manager. «Ich halte überhaupt nichts davon, mich an der Entscheidungsfindung meiner Mitarbeiter zu beteiligen.»

«Was ist denn sonst der Zweck Ihrer Konferenzen?»

«Das habe ich Ihnen schon erklärt», sagte er. «Bitte verlangen Sie nicht von mir, daß ich mich wiederhole. Das ist nur Zeitverschwendung für mich und für Sie. Wir arbeiten hier, um Resultate zu erzielen», fuhr der Manager fort. «Der Zweck unserer Betriebsorganisation ist Effizienz. Unser Betrieb ist so organisiert, damit wir eine wesentlich höhere Produktivität erzielen.»

«Aha, Produktivität hat für Sie also einen hohen Stellenwert. Demnach sind Sie eher an Resultaten orientiert als an Menschen», vermutete der junge Mann.

«Aber nein!» widersprach der Manager mit Nachdruck zur Verblüffung seines Besuchers. «Das bekomme ich andauernd zu hören.» Er stand auf und begann, auf und ab zu gehen. «Wie kann ich denn sonst Resultate erzielen, wenn nicht durch Menschen? Mir geht es um Menschen *und* um Resultate. Das läßt sich nicht trennen.

Hier, sehen Sie sich das mal an.» Der Manager reichte seinem Besucher einen gedruckten Spruch. «Das steht auf meinem Schreibtisch, um mich ständig an eine ganz praktische Wahrheit zu erinnern.»

Nur wer sich selbst gut findet, arbeitet auch gut

Während der junge Mann den Spruch betrachtete, sagte der Manager: «Denken Sie doch mal an sich selbst. Wann können Sie am besten arbeiten? Wenn Sie sich selbst gut fühlen oder wenn Sie sich nicht gut fühlen?»

Der junge Mann nickte: Das lag ja eigentlich auf der Hand! «Ich schaffe mehr, wenn ich mich gut fühle», stimmte er zu.

«Klar schaffen Sie dann mehr!» unterstrich der Manager. «Und das gilt für alle Menschen.»

Eifrig wiederholte der junge Mann seine neuerworbene Erkenntnis: «Also: Wenn man den Mitarbeitern dazu verhilft, sich selber gut zu finden, dann schafft man auch mehr.»

«Ja», pflichtete ihm der Manager bei. «Doch vergessen Sie nicht, daß Produktivität mehr ist als nur die *Quantität* der bewältigten Arbeit. Zur Produktivität gehört immer auch die *Qualität.*» Er ging zum Fenster und sagte: «Kommen Sie doch mal bitte hierher.»

Er zeigte hinunter auf die Straße und fragte: «Sehen Sie, wie viele ausländische Autos da unten fahren?»

Der junge Mann tat einen Blick in die Realität zu seinen Füßen und sagte: «Jeden Tag werden es mehr, finde ich. Wahrscheinlich sind sie wirtschaftlicher und haltbarer.»

Widerstrebend nickte der Manager und sagte: «Genau. Und warum kaufen die Menschen ausländische Wagen, was meinen Sie? Etwa weil die amerikanischen Automobilhersteller nicht *genug* Autos produziert haben? Oder», fuhr der Manager ohne Unterbrechung fort, «weil sie nicht die *Qualität* liefern die der amerikanische Autokäufer wirklich haben will?»

«Mir wird jetzt klar», antwortete der junge Mann, «es kommt auf beides an, auf Qualität *und* Quantität.»

«Eindeutig», fügte der Manager hinzu. «Qualität bedeutet einfach, daß die Menschen das Produkt oder die Dienstleistung erhalten, die sie tatsächlich verlangen und brauchen.» Der Ältere stand gedankenverloren am Fenster. Er konnte sich noch daran erinnern, daß sein Land vor gar nicht so langer Zeit die technischen Voraussetzungen zum Wiederaufbau in Europa und Asien geliefert hatte. Er konnte immer noch nicht begreifen, warum die Produktivität der amerikanischen Wirtschaft so abgesackt war.

Der junge Mann unterbrach die Stille. «Mir kommt gerade ein Werbespot in den Sinn, den ich im Fernsehen gesehen habe», erzählte der Besucher. «Über dem Markennamen einer ausländischen Autofirma erschien der Schriftzug: ‹*Wenn Sie einen langfristigen Kredit für Ihr neues Auto aufnehmen, sollten Sie sich keinen kurzlebigen Wagen kaufen!*›»

Der Manager wandte sich um und sagte ruhig: «Ich fürchte, im wesentlichen stimmt diese Formel. Der springende Punkt ist nämlich: Produktivität ist *sowohl* Quantität *als auch* Qualität.»

Der Manager und sein Besucher gingen wieder zur Couch. «Und schlicht gesagt: Der beste Weg, das eine wie das andere zu erreichen, führt über die Menschen.»

Der junge Mann spitzte die Ohren. «Sie haben schon gesagt, daß Sie kein teamorientierter Manager sind. Wie würden Sie sich denn *selbst* beschreiben?»

«Das ist einfach», antwortete er ohne Zögern. «Ich bin ein 1-Minuten-Manager.»

Erstaunen zeigte sich auf dem Gesicht des jungen Mannes. Von einem 1-Minuten-Manager hatte er noch nie gehört. «Sie sind ein was?»

Der Manager lachte und sagte: «Ich bin ein 1-Minuten-Manager. Ich nenne mich so, weil ich sehr wenig Zeit brauche, um mit Menschen sehr gute Ergebnisse zu erzielen.»

Der junge Mann hatte schon mit vielen Managern gesprochen, aber so hatte er noch nie einen reden hören. Es war kaum zu glauben. Ein 1-Minuten-Manager – jemand, der gute Ergebnisse erzielt, ohne viel Zeit aufwenden zu müssen.

Der Manager konnte seinem Gast die Zweifel vom Gesicht ablesen und sagte: «Sie glauben mir nicht, stimmt's? Sie können nicht glauben, daß ich ein 1-Minuten-Manager bin.»

«Ich muß zugeben, daß ich es mir kaum vorstellen kann», erwiderte der junge Mann.

Der Manager lachte und sagte: «Passen Sie auf, am besten, Sie sprechen mal mit meinen Leuten, wenn Sie wirklich wissen wollen, was für eine Art von Manager ich bin.»

Der Manager beugte sich vor und sagte etwas in die Gegensprechanlage. Ms. Metcalfe, seine Sekretärin, kam ein paar Augenblicke später herein und reichte dem jungen Mann ein Blatt Papier.

«Das sind die Namen, die Positionen und die Telefonnummern der sechs Mitarbeiter, die mir direkt unterstehen», erklärte der 1-Minuten-Manager.

«Und mit wem davon soll ich sprechen?» fragte der junge Mann.

«Das ist Ihre Entscheidung», antwortete der Manager. «Suchen Sie sich irgendeinen heraus. Sprechen Sie nur mit einem von ihnen oder auch mit allen.»

«Ja, aber ich meine, mit wem soll ich anfangen?»

«Ich habe Ihnen schon gesagt, ich nehme anderen Menschen ihre Entscheidungen nicht ab», sagte der Manager mit Nachdruck. «Entscheiden Sie das selbst.» Er stand auf und begleitete seinen Besucher zur Tür.

«Sie haben mich nicht nur einmal, sondern sogar zweimal gebeten, Ihnen eine einfache Entscheidung abzunehmen. Offen gesagt, stört mich das. Verlangen Sie nie von mir, daß ich etwas zweimal sage. Entweder Sie suchen sich einen Namen aus und fangen an, oder Sie veranstalten Ihre Suche nach einem effektiven Management woanders.»

Der Besucher war wie vor den Kopf geschlagen. Er fühlte sich unbehaglich, sehr unbehaglich. Einen Moment herrschte peinliches Schweigen. Es kam ihm vor wie eine Ewigkeit.

Dann schaute der 1-Minuten-Manager dem jungen Mann direkt in die Augen und sagte: «Sie wollen wissen, wie man Menschen führt. Und das gefällt mir an Ihnen sehr.» Er drückte seinem Besucher die Hand.

«Falls Sie nach den Gesprächen mit meinen Mitarbeitern noch Fragen haben, können Sie gern noch einmal zu mir kommen», sagte er freundlich. «Ich freue mich über Ihr Interesse, die Kunst des Managements zu lernen. Ich würde Ihnen das Konzept des 1-Minuten-Managers sehr gern zum Geschenk machen. Mir ist es auch einmal geschenkt worden, und damit ist für mich alles völlig anders geworden. Ich möchte, daß Sie dieses Konzept von Grund auf verstehen. Wenn es Sie überzeugt, wollen Sie vielleicht eines Tages selber ein 1-Minuten-Manager werden.»

«Vielen Dank», konnte der junge Mann gerade noch sagen. Als er an der Sekretärin vorbeiging, sagte sie voller Verständnis: «Sie sehen ja ganz verdattert aus! Man merkt gleich, daß Sie unseren 1-Minuten-Manager schon richtig kennengelernt haben.»

Der junge Mann war noch dabei, sich alles zusammenzureimen, und sagte deswegen sehr langsam: «Das scheint mir auch so.»

«Vielleicht kann ich Ihnen helfen», sagte Ms. Metcalfe. «Ich habe die sechs engsten Mitarbeiter des Chefs schon angerufen. Fünf sind da, und alle sind bereit, mit Ihnen zu sprechen. Wahrscheinlich können Sie unseren 1-Minuten-Manager besser verstehen, wenn Sie sich mit ihnen unterhalten haben.»

Der junge Mann bedankte sich bei ihr, sah sich die Liste an und entschied sich für drei Namen: Mr. Trenell, Mr. Levy und Ms. Brown.

ALS DER JUNGE MANN Trenells Büro betrat, empfing ihn ein Mann mittleren Alters, der ihm zulächelte. «Sie haben also einen Termin beim Alten gehabt, oder? Ein toller Mann, finden Sie nicht?»

«Den Eindruck macht er schon», antwortete der junge Mann.

«Hat er mit Ihnen darüber gesprochen, was ein 1-Minuten-Manager ist?»

«O ja, das hat er! Aber er meint das doch nicht ernst, nicht wahr?» fragte der junge Mann.

«Besser, Sie gehen davon aus, daß es stimmt. Ich komme übrigens nur sehr selten mit ihm zusammen.»

«Wollen Sie damit sagen, daß er Ihnen nie hilft?» wundert sich der junge Mann.

«Im Grunde genommen sehr wenig. Allerdings, wenn ich eine neue Aufgabe oder Verantwortung übernehme, nimmt er sich zu Anfang schon Zeit für mich. Dann geht es ihm um die 1-Minuten-Zielfestlegung.»

«Die 1-Minuten-Zielfestlegung? Was ist das?» sagte der junge Mann. «Er hat mir erzählt, daß er ein 1-Minuten-Manager ist, doch von 1-Minuten-Zielfestlegung hat er kein Wort gesagt.»

«Das ist das erste der drei Geheimnisse des 1-Minuten-Managements», antwortete Trenell.

«Welcher drei Geheimnisse?» fragte der junge Mann neugierig.

«Ja», sagte Trenell. «Die 1-Minuten-Zielfestlegung ist das erste Geheimnis und die Grundlage des ganzen 1-Minuten-Managements. Wie Sie wissen, bekommt man in den meisten Betrieben, wenn man die einzelnen danach fragt, worin ihre Aufgaben bestehen, und dann ihren Vorgesetzten dieselbe Frage stellt, zwei sehr verschiedene Angaben. In einigen Firmen, bei denen ich früher gearbeitet habe, war es dem reinen Zufall überlassen, ob das, was ich als meinen Verantwortungsbereich ansah, überhaupt etwas zu tun hatte mit dem, was mein Chef als meine Aufgabe betrachtete. Und prompt bekam ich Schwierigkeiten, weil ich irgend etwas nicht erledigt hatte, was ich nicht im Traum für meine Sache gehalten hätte.»

«Kommt das hier auch vor?» fragte der junge Mann.

«Nein!» sagte Trenell. «Das kommt hier nie vor. Der 1-Minuten-Manager stellt immer klar, was unsere Aufgaben sind und wofür wir die Verantwortung tragen.»

«Und wie macht er das?» wollte der junge Mann wissen.

«Sehr effektiv», sagte Trenell mit einem Lächeln.

Trenell begann mit seiner Erklärung. «Nachdem er mir gesagt hat, was getan werden muß, oder nachdem wir beide gemeinsam beschlossen haben, was zu tun ist, wird jedes einzelne Ziel schriftlich dargestellt auf nicht mehr als einer Schreibmaschinenseite. Der 1-Minuten-Manager ist der Ansicht, daß man nicht mehr als 30 Zeilen benötigt, um ein Ziel mit den nötigen Durchführungsvorgaben klar zu umreißen. Er legt Wert darauf, daß jeder diesen Text in einer Minute durchlesen kann. Der Text wird abgeschrieben, ein Exemplar bekommt er, und eines behalte ich. So ist alles klar, und wir können beide von Zeit zu Zeit den Stand der Arbeit überprüfen.»

«Gibt es solche 30-Zeilen-Beschreibungen für jedes Ziel?»

«Ja», antwortete Trenell.

«Bedeutet das aber nicht, daß jeder einzelne Mitarbeiter eine ganze Masse von diesen 30-Zeilen-Beschreibungen erhält?»

«Nein, durchaus nicht», meinte Trenell. «Der Alte hält sich bei der Zielbeschreibung an die Faustregel 80 zu 20. Die Arbeitsergebnisse, auf die es wirklich ankommt, stammen zu 80 Prozent aus dem, was nur 20 Prozent unserer Arbeitsziele ausmacht. Also konzentrieren wir uns bei der 1-Minuten-Zielbeschreibung auf genau diese 20 Prozent, das heißt auf die Schwerpunkte unseres Aufgabenbereichs. Das ergibt insgesamt vielleicht drei bis sechs Ziele. Freilich, wenn ein besonderes Projekt außer der Reihe auftaucht, setzen wir uns natürlich auch besondere 1-Minuten-Ziele.»

«Interessant», bemerkte der junge Mann. «Ich glaube, ich verstehe die Bedeutung der 1-Minuten-Zielbeschreibung. Es hört sich an wie eine Philosophie zum Thema ‹keine Überraschungen› – jeder weiß von Anfang an, was erwartet wird.»

«Genau!» Trenell nickte zustimmend.

«Dann bedeutet die 1-Minuten-Zielfestlegung also, daß man seine Verantwortlichkeiten genau kennt?» fragte der junge Mann.

«Nein. Wenn wir wissen, was unsere Aufgabe ist, sorgt der Manager immer dafür, daß wir außerdem wissen, was zu einer guten Durchführung dazugehört. Mit anderen Worten, die Leistungsanforderungen sind klar. Er zeigt uns, was er erwartet.»

«Wie macht er das – ‹zeigen, was er erwartet›?» fragte der junge Mann.

«Ich will Ihnen ein Beispiel erzählen», schlug Trenell vor.

«Eines meiner 1-Minuten-Ziele lautete so: Machen Sie Abwicklungsprobleme ausfindig, und schlagen Sie Lösungen vor, wie diese Engpässe konkret zu beseitigen sind.

Als ich anfing, hier zu arbeiten, entdeckte ich ein Problem, das gelöst werden mußte. Doch ich wußte nicht, was ich tun sollte. Ich rief also den 1-Minuten-Manager an. Als er sich am Telefon meldete, sagte ich: ‹Sir, ich habe ein Problem.› Und bevor ich noch ein einziges weiteres Wort herausbringen konnte, sagte er: ‹Gut! Zum Problemelösen haben wir Sie eingestellt.› Danach herrschte Totenstille am anderen Ende der Leitung.

Ich wußte nicht, was ich tun sollte. Das Schweigen machte mir nur Ohrensausen. Schließlich stotterte ich: ‹Aber, aber, Sir, ich weiß nicht, wie ich dieses Problem lösen soll.›

‹Trenell›, sagte er, ‹eines Ihrer zukünftigen Ziele wird sein, Ihre Probleme selbst zu erkennen und selbst zu lösen. Aber da Sie noch nicht lange bei uns sind, kommen Sie rauf, wir sprechen darüber.›

Als ich oben ankam, sagte er: ‹Erzählen Sie mir, was Ihr Problem ist, Trenell – aber drücken Sie es in Verhaltenskategorien aus.›

‹Verhaltenskategorien?› wiederholte ich. ‹Was meinen Sie mit Verhaltenskategorien?›

‹Ich meine damit›, erklärte mir der Manager, daß ich nichts hören möchte über Meinungen und Gefühle. Sagen Sie mir, was los ist, in Kategorien, die man beobachten, die man messen kann.›

Ich beschrieb das Problem auf diese Weise, so gut ich konnte.

Er sagte: ‹Sehr schön, Trenell! Und jetzt sagen Sie mir bitte in Verhaltenskategorien, was Ihrer Ansicht nach geschehen sollte.›

‹Das weiß ich nicht›, sagte ich.

‹Dann stehlen Sie mir nicht meine Zeit›, knallte er zurück.

Einige Sekunden lang war ich starr vor Schrecken. Ich wußte nicht, was ich tun sollte. Er hatte Mitleid und brach das Schweigen.

‹Wenn Sie mir nicht sagen können, was nach Ihrer Meinung zu geschehen hat›, sagte er, ‹haben Sie noch gar kein Problem. Sie jammern bloß. Ein Problem existiert erst dann, wenn zwischen dem *tatsächlichen* Geschehen und dem von Ihnen *gewünschten* Geschehen eine Diskrepanz besteht.›

Da ich eine schnelle Auffassungsgabe besitze, wurde mir plötzlich bewußt, was nach meiner Ansicht geschehen sollte. Nachdem ich ihm das gesagt hatte, wollte er von mir hören, was die Diskrepanz zwischen dem tatsächlichen Ablauf und dem gewünschten verursacht haben könnte.

Danach sagte der 1-Minuten-Manager: ‹Und was werden Sie jetzt dagegen unternehmen?›

‹Nun, ich könnte die Lösung A anpacken›, sagte ich.

‹Wenn Sie nun die Lösung A verwirklicht hätten, würde dann tatsächlich das passieren, was nach Ihrer Vorstellung passieren muß?› fragte er.

‹Nein›, sagte ich.

‹Dann haben Sie sich eine miserable Lösung ausgedacht. Was könnten Sie sonst noch unternehmen?› fragte er.

‹Ich könnte die Lösung B in Angriff nehmen›, sagte ich.

‹Aber wenn Sie nun die Lösung B verwirklicht hätten, würde dann tatsächlich das passieren, was nach Ihrer Vorstellung passieren muß?› konterte er wieder.

‹Nein›, erkannte ich.

‹Dann ist das auch eine schlechte Lösung›, sagte er. ‹Was können Sie sonst noch tun?›

Ich dachte ein paar Sekunden nach und sagte dann: ‹Ich könnte Lösung C durchziehen. Aber wenn ich Lösung C mache, wird das, was nach meiner Vorstellung zu geschehen hat, auch nicht geschehen, also wäre das auch eine schlechte Lösung, nicht wahr?›

‹Sehr richtig. Allmählich haben Sie's raus›, sagte der Manager daraufhin und lächelte dabei. ‹Gibt es noch etwas, was Sie tun könnten?› fragte er.

‹Vielleicht könnte ich einige dieser Lösungen kombinieren›, sagte ich.

‹Das ist einen Versuch wert›, erwiderte er.

‹Tatsächlich, wenn ich Lösung A in dieser Woche angehe, B in der nächsten und C in zwei Wochen, werde ich das Problem gelöst haben. Ganz große Klasse! Vielen Dank! Sie haben mein Problem gelöst.›

Er wurde ärgerlich. ‹Das habe ich nicht›, unterbrach er mich. ‹Sie selbst haben das getan. Ich habe Ihnen nur Fragen gestellt – Fragen, die Sie sich auch selbst stellen können. Und nun Schluß. Und fangen Sie gleich an, Ihre Probleme in ihrer eigenen Zeit zu lösen und nicht in meiner.›

Mir war natürlich klar, was er getan hatte. Er hatte mir gezeigt, wie man Probleme löst, so daß ich es in Zukunft ohne seine Hilfe schaffen konnte.

Dann stand er auf, sah mir direkt in die Augen und sagte: ‹Sehr gut, Trenell. Denken Sie daran, wenn Sie das nächste Mal ein Problem haben.›

Ich erinnere mich, daß ich gelächelt habe, als ich sein Zimmer verließ.»

Trenell lehnte sich zurück, und es schien, als ob er seine erste Begegnung mit dem 1-Minuten-Manager noch einmal nacherlebte.

«Also», begann der junge Mann, als er sich alles durch den Kopf gehen ließ, was er gerade gehört hatte …

Die 1-Minuten-Zielfestlegung besteht einfach aus folgenden Schritten:

1. Wissen: welche Ziele ich erreichen will.
2. Feststellen: welches Verhalten der Erreichung dieses Ziels am besten dient.
3. Aufschreiben: jedes einzelne Ziel auf ein einzelnes Blatt für sich; Textmenge höchstens 30 Zeilen.
4. Lesen und Immer-mal-wieder-Lesen: Es dauert ja nur jeweils 1 Minute, wenn man von Zeit zu Zeit das Blatt mit der Zielbeschreibung durchliest.
5. Beobachten: täglich mehrmals 1 Minute lang die eigene Arbeitsweise unter die Lupe nehmen und dabei
6. Erkennen: ob mein Verhalten der Erreichung meines Ziels angemessen ist oder nicht.

«Völlig richtig», rief Trenell. «Sie lernen schnell.»

«Vielen Dank», sagte der junge Mann und hatte jetzt ein gutes Selbstgefühl. «Aber lassen Sie mich das bitte eben aufschreiben», sagte er. «Das will ich nicht vergessen.»

Nachdem der junge Mann sich kurz Notizen in sein kleines blaues Heft geschrieben hatte, beugte er sich vor und fragte: «Wenn die 1-Minuten-Zielfestlegung das erste Geheimnis ist, wie man ein 1-Minuten-Manager wird, was sind dann die anderen zwei?»

Trenell lächelte, sah auf die Uhr und sagte: «Warum stellen Sie diese Frage nicht Levy? Sie sind doch heute vormittag auch noch mit ihm verabredet, nicht wahr?»

Der junge Mann wunderte sich. Woher wußte Trenell das? «Ja», sagte der junge Mann, während er aufstand, um Trenell die Hand zu geben. «Vielen Dank, daß Sie mir Ihre Zeit gewidmet haben.»

«Das habe ich gern getan», antwortete Trenell. «Zeit ist etwas, wovon ich jetzt wesentlich mehr zur Verfügung habe. Wahrscheinlich haben Sie schon gemerkt, daß auch ich dabei bin, ein 1-Minuten-Manager zu werden.»

ALS DER JUNGE MANN TRENELLS Zimmer verließ, war er fasziniert, wie einfach das war, was er gerade gehört hatte. Er dachte: «Die Sache hat Hand und Fuß, ohne Frage. Wie sollst du denn als Führungskraft effektiv arbeiten, wenn nicht einmal deine Leute genau wissen, was du von ihnen erwartest? Aber mit dieser Methode klappt es garantiert.»

Der junge Mann lief den ganzen Flur hinunter und fuhr dann mit dem Fahrstuhl in den zweiten Stock. Als er Mr. Levys Büro betrat, war er erstaunt, einen so jungen Mann anzutreffen. Levy war wohl erst Ende Zwanzig, Anfang Dreißig. «Sie haben also einen Termin beim Alten gehabt, oder? Ein toller Mann, finden Sie nicht?»

Er gewöhnte sich schon langsam daran, daß der 1-Minuten-Manager ein «toller Mann» genannt wurde. «Ich denke schon, daß er das ist», erwiderte der junge Mann.

«Hat er mit Ihnen darüber gesprochen, was ein 1-Minuten-Manager ist?» fragte Levy.

«O ja, das hat er! Aber er meint das doch nicht ernst, nicht wahr?» fragte der junge Mann, um zu sehen, ob die Antwort hier anders lauten würde, als bei Trenell.

«Besser Sie gehen davon aus, daß es stimmt. Ich komme übrigens nur sehr selten mit ihm zusammen.»

«Wollen Sie damit sagen, daß er Ihnen nie hilft?» hakte der junge Mann nach.

«Im Grunde genommen sehr wenig. Allerdings wenn ich eine neue Aufgabe oder Verantwortung übernehme, nimmt er sich zu Anfang schon richtig Zeit für mich.»

«Ja, ich weiß: die 1-Minuten-Zielfestlegung», unterbrach der junge Mann.

«An die 1-Minuten-Zielfestlegung habe ich dabei eigentlich weniger gedacht. Ich meinte das 1-Minuten-Lob.»

«Das 1-Minuten-Lob?» wiederholte der junge Mann. «Ist das das zweite Geheimnis des 1-Minuten-Managements?»

«Ja, das ist es», bestätigte Levy. «Der 1-Minuten-Manager hat mir, als ich hier anfing, von vornherein ganz klar gesagt, wie er sich verhalten wird.»

«Und wie?» fragte der Besucher.

«Er sagte, er wüßte, daß es mir wesentlich leichter fallen würde, gute Arbeit zu leisten, wenn ich von ihm ein glasklares Feedback darüber bekomme, wie ich die Dinge angehe.

Er sagte, ihm liege daran, daß ich Erfolg habe. Ihm liege daran, daß mein Kommen ein Gewinn wird für alle im Hause und daß ich Freude habe an meiner Arbeit.

Er sagte mir, genau deswegen werde er sich Mühe geben, mir immer klipp und klar zu sagen, wann ich meine Sache gut mache und wann nicht.

Und danach bereitete er mich darauf vor, daß es in der ersten Zeit wahrscheinlich für keinen von uns sehr angenehm sein würde.»

«Warum?» fragte der Besucher.

«Weil, wie er mir dann erklärte, die meisten Führungskräfte so nicht führen und die Leute nicht daran gewöhnt sind. Anschließend machte er mir deutlich, solch ein Feedback würde eine große Hilfe sein für mich.»

«Können Sie mir an einem Beispiel erklären, was Sie damit meinen?» bat der junge Mann.

«Gern», willigte Levy ein. «Kurz nachdem ich mit der Arbeit angefangen hatte und mein Chef die 1-Minuten-Zielfestlegung mit mir durchgegangen war, merkte ich, daß er weiterhin engen Kontakt mit mir hielt.»

«Was meinen Sie mit ‹engem Kontakt›?» frage der junge Mann.

«Er tat das auf zweierlei Weise», erklärte Levy. «Als erstes beobachtete er sehr genau, was ich tat. Er schien sich immer irgendwo in der Nähe aufzuhalten. Zweitens verlangte er, daß ich detaillierte Berichte schrieb über mein Vorankommen, die ich ihm hinschicken mußte.»

«Das ist interessant», sagte der junge Mann. «Warum macht er das?»

«Zuerst habe ich gemeint, er spioniert mir nach und traut mir nichts zu. Doch dann erfuhr ich von anderen Kollegen, die ihm direkt unterstehen, worauf es ihm eigentlich ankam.»

«Und was war das?» wollte der junge Mann wissen.

«Es ging ihm darum, mich bei einer guten Leistung zu erwischen», sagte Levy.

«Sie bei einer guten Leistung zu erwischen?» sprach der junge Mann nach.

«Ja», erwiderte Levy. «Bei uns gibt es folgende Hausregel:

Laß jeden
seine Höchstform
erreichen!

Erwisch ihn,
wenn er's gut macht!

Levy fuhr fort: «In fast allen Betrieben verbringen die leitenden Leute fast ihre gesamte Zeit damit, das Personal zu erwischen, und zwar wann?» fragte er den jungen Mann.

Der junge Mann sagte mit einem wissenden Lächeln: «Wenn sie etwas falsch machen.»

«Richtig!» sagte Levy. «Bei uns hier liegt die Betonung auf dem Positiven. Wir wollen unsere Mitarbeiter dabei erwischen, wenn sie etwas gut machen.»

Der junge Mann schrieb sich ein paar Notizen in sein Heft und fragte dann: «Was geschieht denn, wenn der 1-Minuten-Manager Sie dabei erwischt, daß Sie eine Sache gut gemacht haben, Mr. Levy?»

«Das ist der Moment, in dem er einem das 1-Minuten-Lob ausspricht», sagte Levy mit sichtlichem Vergnügen.

«Was bedeutet denn das?» wollte der junge Mann wissen.

«Also, wenn er beobachtet hat, daß ich eine Sache gut gemacht habe, kommt er her und nimmt mit mir Fühlung auf. Das macht er oft dadurch, daß er mir die Hand auf die Schulter legt oder mich sonst irgendwie wohlwollend berührt.»

«Stört Sie das nicht», wunderte sich der junge Mann, «wenn er Sie berührt?»

«Nein!» versicherte Levy. «Im Gegenteil, es hilft. Ich spüre dann, daß ihm an mir wirklich etwas liegt und daß er wünscht, ich pack's. Genau wie er immer sagt: ‹Je besser deine Leute sind, desto höher steigst du auf.›

Wenn er so auf Tuchfühlung geht, dauert das nur kurz, aber es läßt mich mal wieder bewußt wahrnehmen, daß wir beide wirklich gemeinsame Sache machen.»

Levy fuhr fort: «Auf jeden Fall blickt er Ihnen danach direkt in die Augen und sagt Ihnen präzise, was Sie gut gemacht haben. Er zeigt Ihnen, wie froh er ist, daß Sie das geschafft haben.»

«Ich habe, glaub ich, noch nie etwas von einem Manager gehört, der sich so verhält», platzte der junge Mann heraus. «Das muß einem ein tolles Selbstgefühl geben.»

«Das tut es wirklich», bestätigte Levy. «Und zwar aus mehreren Gründen. Als erstes bekomme ich eine Anerkennung sofort, wenn ich etwas gut gemacht habe.» Lächelnd beugte er sich zu seinem Besucher hinüber. Dann lachte er und sagte: «Ich brauche nicht ein ganzes Jahr auf die Leistungsprämie zu warten. Verstehen Sie, was ich meine?» Beide Männer lächelten. «Zweitens: Weil er genau aufzählt, was ich gut gemacht habe, weiß ich, daß er's ehrlich meint und sich auskennt mit dem, was ich tue. Und drittens ist er konsequent.»

«Konsequent?» sprach der junge Mann nach.

«Ja», versicherte Levy. «Er lobt mich, wenn ich gute Leistungen bringe und eine Anerkennung verdient habe, und zwar auch dann, wenn es für ihn auf anderen Gebieten nicht gut läuft. Ich weiß dann, daß er Ärger hat mit anderen Dingen. Aber bei mir reagiert er nur auf das, was mich betrifft, und nicht auf das, was ihn zur Zeit belastet. Und das rechne ich ihm hoch an.»

«Kostet all dies Lob-Austeilen den Manager nicht sehr viel Zeit?» fragte der junge Mann.

«Ach nein», sagte Levy. Sie müssen ja keine lange Lobeshymne absingen, wenn Sie jemandem bewußt machen wollen, daß Sie ihn und seine Leistung durchaus wahrnehmen. Und das dauert meist nicht mal eine ganze Minute.»

«Und darum wird es eben das 1-Minuten-Lob genannt», sagte der Besucher, während er sich aufschrieb, was er gerade dazugelernt hatte.

«Richtig», sagte Levy.

«Ist er denn nun immer darauf aus, Sie dabei zu erwischen, wenn Sie etwas gut machen?» fragte der junge Mann.

«Nein, natürlich nicht», antwortete Levy. «Nur wenn man hier gerade neu anfängt oder wenn man sich in ein neues Projekt oder Aufgabengebiet einarbeiten muß, verhält er sich so. Wenn man seine Sache im Griff hat, scheint er sich nicht mehr viel darum zu kümmern.»

«Warum das?» wunderte sich der junge Mann.

«Weil ich und er dann auf andere Weise erfahren, wann meine Arbeitsleistung ‹lobenswert› ist. Beide können wir die Angaben in den Unterlagen studieren – die Verkaufsziffern, die Kostenentwicklung, die Terminpläne und so weiter. Und nach einiger Zeit», fügte Levy hinzu, «fängt man dann selber an, sich bei guten Leistungen zu erwischen, und beginnt damit, sich auch selbst zu loben. Außerdem fragt man sich ständig, wann er wohl mal wieder ein Lob aussprechen wird, und das hält einen in Schwung, auch wenn er nicht da ist. Einfach nicht zu fassen, aber ich arbeite jetzt so hart wie noch in keiner Stellung, die ich früher gehabt habe.»

«Das ist ja sehr interessant», bemerkte der junge Mann dazu. «Das 1-Minuten-Lob ist also ein Geheimnis, das man kennen muß, um ein 1-Minuten-Manager zu werden.»

«Völlig richtig», sagte Levy mit strahlenden Augen. Er hatte seine Freude daran, wenn er miterlebte, wie jemand die Geheimnisse des 1-Minuten-Managements verstehen lernte.

Als der Besucher seine Notizen anschaute, ging er noch einmal schnell durch, was er nun gelernt hatte über das 1-Minuten-Lob.

Das 1-Minuten-Lob erreicht seinen Zweck folgendermaßen:

1. Sagen Sie Ihren Mitarbeitern *von vornherein*, daß Sie ihnen mitteilen werden, was Sie von ihrer Arbeit halten.
2. Wenn Sie jemanden loben können, tun Sie's sofort.
3. Sagen Sie Ihren Leuten, was sie gut gemacht haben. Sagen Sie es konkret, gehen Sie ins Detail.
4. Sagen Sie Ihren Leuten, wie sehr Sie sich über das freuen, was sie so gut gemacht haben, und wie wichtig das ist für die Firma und alle, die dort arbeiten.
5. Brechen Sie ab für ein paar Sekunden – damit der Belobigte Ihre Freude so richtig nachfühlt.
6. Vermitteln Sie den anderen: «Nur weiter so.»
7. Geben Sie die Hand, oder tun (!) Sie etwas Ähnliches: Hauptsache, es wird klar, daß Sie den beruflichen Erfolg des Betreffenden aktiv unterstützen.

«Und was ist das dritte Geheimnis?» fragte der junge Mann gespannt.

Levy lachte über die Begeisterung seines Besuchers, erhob sich und sagte: «Warum stellen Sie diese Frage nicht Ms. Brown? Wie ich hörte, wollen Sie doch heute auch noch mit ihr sprechen.»

«Ja, das will ich», gab der junge Mann zu. «Dann bedanke ich mich sehr bei Ihnen, daß Sie mir Ihre Zeit geopfert haben.»

«Gern geschehen», versicherte Levy. «Zeit ist etwas, was ich reichlich zur Verfügung habe – ich bin ja selber jetzt ein 1-Minuten-Manager.»

Der Besucher lächelte. Irgendwo hatte er das schon einmal gehört.

Er wollte sich durch den Kopf gehen lassen, was er bisher erfahren hatte. Er verließ das Gebäude und ging ein bißchen im Grünen spazieren. Wieder war er ganz fasziniert davon, wie einfach und schlicht vernünftig das war, was er gehört hatte. «Es gibt überhaupt keinen Zweifel an der Wirksamkeit der Methode, die Menschen dabei zu erwischen, wie sie eine Sache gut machen», dachte der junge Mann. «Zumal sie ja wissen, was sie tun sollen und worin die richtige Art der Durchführung besteht.

Aber ob so ein 1-Minuten-Lob tatsächlich etwas bringt?» zweifelte er. «Bringt denn dieses ganze Gerede über 1-Minuten-Management wirklich etwas ein – unterm Strich?»

Während er so vor sich hinspazierte, wurde seine Neugier immer größer, mehr über die Betriebsergebnisse in Zahlen zu erfahren. Daher ging er noch einmal zu der Sekretärin des 1-Minuten-Managers und bat Ms. Metcalfe, seinen Termin mit Ms. Brown zu verschieben. «Vielleicht auf morgen vormittag?» schlug der junge Mann vor.

«Morgen vormittag paßt es gut», sagte die Sekretärin, als sie den Hörer auflegte. «Ms. Brown läßt Ihnen sagen, daß Sie jederzeit kommen können außer Mittwoch vormittag.»

Dann telefonierte sie mit jemandem in der Innenstadt, um den neuen Termin zu arrangieren, um den er gebeten hatte. Er wollte Ms. Gomez treffen, die in der Hauptverwaltung der Unternehmensgruppe einen wichtigen Posten hatte. «Dort laufen sämtliche Informationen zusammen über alle Werke und Tochterfirmen des Gesamtunternehmens», bemerkte Ms. Metcalfe mit einem wissenden Blick. «Ich bin sicher, Sie finden dort alles, was Sie suchen.» Er bedankte sich bei ihr und ging.

NACH DER LUNCHPAUSE fuhr der junge Mann in die Innenstadt. Dort traf er sich mit Ms. Gomez, einer kompetent aussehenden Frau Anfang Vierzig. Der junge Mann kam gleich zur Sache und fragte: «Können Sie mir bitte sagen, welcher von allen Ihren Betrieben hier im Land der leistungsstärkste und erfolgreichste ist. Ich möchte ihn mit dem des sogenannten 1-Minuten-Managers vergleichen.»

Im nächsten Augenblick mußte er lachen, als er von Ms. Gomez zu hören bekam: «Da brauchen Sie nicht lange zu suchen: Es *ist* der des 1-Minuten-Managers. Das ist ein toller Mann, nicht wahr? Von allen Betrieben in unserer Gruppe ist seiner der leistungsstärkste und erfolgreichste.»

«Ist ja unglaublich», sagte der junge Mann. «Hat er die besten Betriebsanlagen?»

«Nein», sagte Ms. Gomez. «Teilweise uralte Sachen.»

«Da kann doch irgend etwas nicht stimmen», sagte der junge Mann, dem der Führungsstil des Alten immer noch ein Rätsel war.

«Bitte sagen Sie mir, gehen bei ihm viele wieder weg? Gibt es bei ihm viel Personalfluktuation?»

«Ja, doch, könnte man sagen», antwortete Ms. Gomez. «Es gibt bei ihm tatsächlich viel Fluktuation.»

«Aha», sagte der junge Mann und dachte, jetzt sei er fündig geworden.

«Was machen die Leute, die vom 1-Minuten-Manager weggehen?» wollte der junge Mann wissen.

«Wir geben ihnen einen eigenen Laden», erwiderte Ms. Gomez ohne Zögern. «Wenn sie zwei Jahre bei ihm gearbeitet haben, sagen sie: ‹Wer bietet mir eine Managementposition?› Er ist unser bester Ausbilder. Wenn wir eine Stelle zu besetzen haben und einen guten Manager brauchen, wenden wir uns regelmäßig an ihn. Er hat immer jemanden, der dafür geeignet ist.»

Voller Erstaunen dankte der junge Mann Ms. Gomez, daß sie ihm ihre Zeit gewidmet hatte – doch diesmal bekam er eine andere Antwort.

«Ich war froh, daß ich Sie heute noch dazwischenschieben konnte», sagte sie. «Der Rest der Woche ist bei mir wirklich vollgepackt. Ich möchte gern die Geheimnisse des 1-Minuten-Managers kennenlernen. Wie oft nehme ich mir vor, zu ihm zu gehen und mit ihm zu sprechen. Aber ich habe einfach nicht die Zeit dazu.»

Mit einem Lächeln sagte der junge Mann: «Ich schenke Ihnen die Geheimnisse, wenn ich sie selbst herausgefunden habe. Genau wie er sie jetzt mir schenkt.»

«Das wäre ein sehr wertvolles Geschenk», sagte Ms. Gomez und lächelte auch. Sie schaute sich das Durcheinander in ihrem Büro an und sagte: «Ich kann jede Hilfe gebrauchen.»

Der junge Mann verließ das Büro von Ms. Gomez und trat kopfschüttelnd auf die Straße. Der 1-Minuten-Manager war für ihn nun noch viel aufregender geworden.

In der folgenden Nacht hatte der junge Mann einen sehr unruhigen Schlaf. Er wartete gespannt auf den nächsten Tag. Dann würde er das dritte Geheimnis erfahren.

AM NÄCHSTEN MORGEN erschien er auf den Glokkenschlag um neun Uhr im Büro von Ms. Brown. Eine sehr schick gekleidete Dame Ende Fünfzig begrüßte ihn. Wie gewohnt, bekam er zu hören: «Ein toller Mann, finden Sie nicht auch?» Und mittlerweile war der junge Mann schon soweit, daß er mit Überzeugung antworten konnte: «Das ist er wirklich!»

«Hat er mit Ihnen darüber gesprochen, was ein 1-Minuten-Manager ist?» frage Ms. Brown.

«Für mich gibt es hier doch gar kein anderes Thema», sagte der junge Mann lachend. «Aber er meint das doch nicht ernst, nicht wahr?» fragte er und wartete gespannt, ob er dieses Mal vielleicht eine andere Antwort bekommen würde.

«Besser, Sie gehen davon aus, daß es stimmt. Ich komme übrigens nur sehr selten mit ihm zusammen.»

«Heißt das», vergewisserte sich der junge Mann, «Sie haben kaum Kontakt mit ihm, abgesehen von den regelmäßigen Konferenzen jede Woche?»

«So gut wie gar nicht. Außer natürlich, wenn ich einen Fehler mache», sagte Ms. Brown.

Völlig verblüfft sagte der junge Mann: «Heißt das, Sie haben mit dem 1-Minuten-Manager nur dann einen Termin, wenn Sie einen Fehler gemacht haben?»

«Ja. Vielleicht nicht *nur* dann», sagte Ms. Brown, «aber *fast* nur dann.»

«Und ich dachte, bei Ihnen hier gilt das Prinzip, man solle die Mitarbeiter bei guten Leistungen erwischen.»

«Das gilt auch. Aber Sie müssen doch noch ein paar Dinge mehr über mich wissen.»

«Und welche wären das?» fragte der junge Mann.

«Ich arbeite hier schon seit etlichen Jahren. Ich kenne den Betrieb in- und auswendig. Die Folge ist: Der 1-Minuten-Manager braucht mir nicht mehr viel von seiner Zeit zu widmen, und wenn, dann bei der Zielfestlegung. Das sieht meistens so aus, daß ich meine Ziele schriftlich darstelle und ihm dann zuschicke.»

«Jedes Ziel einzeln auf einem Blatt für sich?» fragte der junge Mann.

«Aber nur so! Jeder Text umfaßt 30 Zeilen und nicht mehr, so daß ich oder der 1-Minuten-Manager ihn in höchstens einer Minute gelesen haben.

«Und dazu kommt bei mir noch etwas, was auch ganz wichtig ist: Ich liebe meine Arbeit. Die Folge ist: In den meisten Fällen spreche ich mir das fällige 1-Minuten-Lob selber zu. Denn wenn ich mich selber nicht gut finde, wer denn sonst? Ein Freund sagte mir mal einen Satz, den ich mir gut gemerkt habe: ‹Seine Posaune muß man schon selber blasen, sonst wird einem in den Trichter gespuckt.›»

Der junge Mann mußte lächeln. «Und der Manager, lobt der Sie denn manchmal?» fragte er.

«Gelegentlich schon, aber er kommt nicht sehr oft dazu, weil ich schneller bin», antwortete Ms. Brown. «Wenn mir eine Sache wirklich gut gelingt, kommt es sogar vor, daß ich den 1-Minuten-Manager selber um ein Lob bitte.»

«Was? Und woher nehmen Sie den Mut dazu?» fragte der junge Mann.

«Das ist nicht schwer. Wie bei einer Wette, die ich nicht verlieren, sondern nur gewinnen kann: Bekomme ich von ihm die Anerkennung, habe ich gewonnen.»

«Und wenn nicht?» fragte der junge Mann dazwischen.

«Dann verliere ich auch nichts», erwiderte Ms. Brown. «Ich hatte ja auch nichts, bevor ich darum bat.»

Der junge Mann mußte lächeln, als er sich Notizen machte. Dann nahm er den Faden wieder auf: «Sie haben vorhin gesagt, er widmet Ihnen Zeit, wenn Sie etwas falsch machen. Was meinen Sie damit?»

«Wenn ich einen gravierenden Fehler mache, dann bekomme ich unweigerlich eine 1-Minuten-Kritik dafür», sagte Ms. Brown.

«Eine was?» fragte der junge Mann frappiert.

«Eine 1-Minuten-Kritik», wiederholte Ms. Brown. «Das ist das dritte Geheimnis, das man kennen muß, wenn man ein 1-Minuten-Manager werden will.»

«Wie das wohl funktioniert?» sagte der junge Mann wie zu sich selbst.

«Ganz einfach», sagte Ms. Brown.

«Das mußte ja kommen! Ich habe darauf gewartet», rief der junge Mann amüsiert.

Ms. Brown mußte auch lachen.

«Wenn man seinen Beruf schon eine ganze Weile ausübt», erklärte sie dann, «und wenn man weiß, wie man's richtig macht, macht aber trotzdem einen Fehler, dann reagiert der 1-Minuten-Manager auf der Stelle.»

«Und was tut er dann?» fragte der junge Mann.

«Sobald er weiß, daß etwas schiefgelaufen ist, kommt er zu mir. Zuerst informiert er sich über die Fakten. Er will wissen, was passiert ist. Dann legt er mir vielleicht die Hand auf die Schulter, oder er kommt auf meine Seite vom Schreibtisch.»

«Ist Ihnen das nicht unangenehm?» fragte der junge Mann.

«Aber sicher ist es das, weil man ja schon weiß, was jetzt kommt. Sein Gesicht sagt alles: keine Spur von Lächeln. Er blickt mir direkt in die Augen und sagt mir dann in präzisen Worten, was ich verkehrt gemacht habe. Danach gibt er mir zu verstehen, wie er gefühlsmäßig darauf reagiert – verärgert, gereizt, enttäuscht oder wie auch immer.»

«Wie lange dauert das?» fragte der junge Mann.

«Nur etwa 30 Sekunden, aber manchmal kommt es mir vor wie eine Ewigkeit», gab Ms. Brown zu.

Der Besucher mußte sofort daran denken, wie er selber sich gefühlt hatte, als der 1-Minuten-Manager ihm «in präzisen Worten» sagte, wie sehr ihn seine Unentschiedenheit störte.

«Und was geschieht dann?» frage der junge Mann, indem er bis zur Stuhlkante vorrückte.

«Er läßt seine Worte so richtig bis auf den Grund sinken: Ein paar Sekunden herrscht Schweigen. Das geht wirklich tief, kann ich Ihnen sagen!»

«Und dann?» fragte der junge Mann.

«Dann blickt er mir stracks in die Augen und macht mir klar, wie kompetent er mich in aller Regel findet. Er legt Wert darauf, daß ich ganz klar begreife: Nur weil er generell soviel von mir hält, ist er in diesem speziellen Fall so ärgerlich über mich. Er wisse genau, sagt er, daß so etwas nicht zu mir paßt. Er sagt mir auch, wie sehr er sich auf unseren nächsten gemeinsamen Termin freut. Nur müsse ich ganz klar sehen, daß er diesen Fehler nicht noch einmal sehen wolle.»

Der junge Mann fiel ihr ins Wort: «So etwas läßt einen in Zukunft sicher doppelt so gründlich nachdenken.»

«Das können Sie mir glauben», versicherte Ms. Brown und nickte dabei energisch mit dem Kopf.

Der junge Mann verstand, was Ms. Brown sagen wollte. Er schrieb jetzt mit, so schnell er konnte. Er merkte schon, daß diese Frau nicht viele Worte machen würde, um eine Menge wichtiger Punkte zu erörtern.

«Als erstes», sagte Ms. Brown, «kritisiert er mich in aller Regel sofort, wenn ich etwas falsch gemacht habe. Zweitens, da er genau aufzählt, was ich falsch gemacht habe, weiß ich, daß er den Durchblick hat und ich mir keine Schlamperei leisten kann. Drittens, da er nicht meine Person, sondern nur mein Verhalten kritisiert, fällt es mir leichter, mich nicht in die Defensive zu verkriechen. Ich versuche nicht, meinen Fehler rational zu erklären, indem ich ihm die Verantwortung zuschiebe oder jemand anderem. Ich weiß, er ist gerecht. Und viertens ist er konsequent.»

«Heißt das, er wird Sie kritisieren, auch wenn die Dinge anderweitig glattlaufen?»

«Ja», antwortet sie.

«Und dauert diese ganze Prozedur wirklich nur eine Minute?» fragte der junge Mann.

«Meistens», sagte sie. «Und wenn es vorbei ist, ist es vorbei. Eine 1-Minuten-Kritik dauert nicht lange, aber ich garantiere Ihnen, die werden Sie nicht vergessen – und diesen Fehler machen Sie kaum noch einmal.»

«Ich glaube, ich weiß, wovon Sie sprechen», sagte der junge Mann. «Ich fürchte, ich habe ihn gebeten ...»

«Ich hoffe», unterbrach sie ihn, «Sie haben ihn nicht gebeten, seine Worte zu wiederholen.»

Der junge Mann war verlegen. «Doch», gab er zu.

«Dann wissen Sie, wie man sich auf der Empfängerseite einer 1-Minuten-Kritik fühlt», sagte sie. «Obwohl ich annehme, daß Sie als Besucher nur eine milde abbekommen haben.»

«Ich weiß nicht, was Sie hier unter milde verstehen», sagte er. «Aber ich glaube nicht, daß ich ihn sehr oft bitten würde, seine Worte zu wiederholen. Das war ein Fehler. Ich möchte wissen, ob der 1-Minuten-Manager selber jemals einen Fehler macht. Er wirkt fast zu perfekt.»

Ms. Brown mußte lachen. «Fast nie», sagte sie. «Aber er hat Sinn für Humor. Wenn er also doch einmal einen Fehler macht und zum Beispiel die zweite Hälfte der 1-Minuten-Kritik vergißt, dann sagen wir ihm das und ziehen ihn damit auf. Allerdings erst, nachdem wir uns von der Kritik erholt haben. Es kommt zum Beispiel vor, daß wir ihn hinterher anrufen und sagen, daß wir unseren Fehler jetzt eingesehen haben. Dann kann es sein, daß wir lachen und ihn um die konstruktive Hälfte der Kritik bitten, weil wir so kein gutes Selbstgefühl haben.»

«Und was tut er dann?» fragte der junge Mann.

«Meistens lacht er und sagt, es tue ihm leid, er habe einfach vergessen, mir deutlich zu machen, daß ich als Mensch o. k. bin.»

«Sie können über Lob und Kritik lachen?» fragte der junge Mann.

«Aber sicher», sagte Ms. Brown. «Wie Sie sehen, hat der 1-Minuten-Manager uns vorgemacht, wie wichtig es ist, über sich selbst lachen zu können, wenn man einen Fehler gemacht hat. Das hilft uns, mit unserer Arbeit fertig zu werden.»

«Ist ja fabelhaft», begeisterte sich der junge Mann. «Wie haben Sie das gelernt?»

«Einfach, indem wir den Chef dabei beobachtet haben», antwortete Ms. Brown.

«Wollen Sie damit sagen, daß Ihr Chef über sich selber lachen kann, wenn er einen Fehler gemacht hat?» fragte der junge Mann erstaunt.

«Na ja, nicht immer», räumte Ms. Brown ein. «Er ist nicht anders als die meisten von uns. Manchmal fällt es ihm schwer. Aber oft schafft er es. Und wenn er über sich selber lacht, hat das eine positive Auswirkung auf jeden seiner Mitarbeiter.»

«Er muß eine gute Portion Selbstsicherheit haben», meinte der junge Mann.

«Die hat er», antwortete Ms. Brown.

Der junge Mann war beeindruckt. Es wurde ihm allmählich klar, wie wertvoll solch ein Manager für eine Firma sein mußte.

«Wieso ist die Kritik des 1-Minuten-Managers so effektiv, was meinen Sie?» fragte er.

«Das sollten Sie den 1-Minuten-Manager selber fragen», sagte sie, während sie vom Schreibtisch aufstand und den jungen Mann zur Tür begleitete.

Als er ihr dafür dankte, daß sie sich soviel Zeit genommen hatte für ihn, lächelte Ms. Brown und sagte: «Sie wissen ja schon, was jetzt wieder fällig ist.» Beide lachten. Allmählich kam er sich nicht mehr wie ein Besucher vor, sondern wie ein «Insider». Und das war ein gutes Gefühl.

Als er wieder in die Empfangshalle kam, wurde ihm bewußt, wie wenig Zeit er in ihrem Büro verbracht hatte und wieviel Information sie ihm dabei vermittelt hatte.

Er dachte nach über das, was sie gesagt hatte. Es hörte sich so einfach an. In Gedanken ging er noch einmal alles durch, was man beachten muß, wenn man entdeckt, daß eine erfahrene Kraft etwas verkehrt macht.

Die 1-Minuten-Kritik funktioniert gut unter folgenden Bedingungen:

1. Sagen Sie Ihren Mitarbeitern von vornherein, daß Sie ihnen klipp und klar mitteilen werden, was Sie von ihrer Arbeit halten.

   Erste Hälfte der Kritik:

2. Wenn Sie jemanden kritisieren müssen, dann sofort.
3. Sagen Sie Ihren Mitarbeitern, was sie falsch gemacht haben. Sagen Sie es konkret, gehen Sie ins Detail.
4. Sagen Sie Ihren Leuten klipp und klar, wie Sie gefühlsmäßig auf den Fehler reagieren, den Sie gemacht haben.
5. Brechen Sie ab für ein paar Sekunden – bis das Schweigen peinlich wird. Erst dann kann der Kritisierte nachfühlen, welche Gefühle bei Ihnen hinter der Kritik stehen.

   Zweite Hälfte der Kritik:

6. Reichen Sie dem anderen die Hand, oder zeigen Sie ihm durch eine andere «Kontaktaufnahme», daß Sie ehrlich auf seiner Seite stehen.
7. Bringen Sie ihnen ins Bewußtsein, wie sehr Sie sie schätzen.
8. Betonen Sie, daß Sie von ihnen viel halten, aber nicht von ihrer Leistung in dieser speziellen Situation.
9. Denken Sie daran: Wenn die Kritik vorbei ist, ist sie vorbei.

Vielleicht hätte der junge Mann an der Effektivität der 1-Minuten-Kritik gezweifelt, wenn er nicht ihre Wirkung am eigenen Leibe erfahren hätte. Er hatte sich wirklich getroffen gefühlt. Und das wollte er kein zweites Mal erleben.

Er wußte jedoch, daß jeder hin und wieder einen Fehler macht und daß es ihm durchaus passieren konnte, irgendwann doch noch einmal eine Kritik einstecken zu müssen. Aber er wußte genau: Wenn die Kritik vom 1-Minuten-Manager kommen würde, dann würde sie fair sein; daß sie auf sein Verhalten abzielen würde und nicht auf seine Person.

Auf dem Weg zum Büro des 1-Minuten-Managers dachte er immer noch darüber nach, wie einfach das 1-Minuten-Management war.

Alle drei Geheimnisse hatten ihren guten Sinn – das 1-Minuten-Ziel, das 1-Minuten-Lob und die 1-Minuten-Kritik. «Aber warum funktionieren sie eigentlich?» überlegte er. «Warum ist der 1-Minuten-Manager die produktivste Führungskraft der gesamten Unternehmensgruppe?»

IM VORZIMMER DES 1-Minuten-Managers sagte ihm die Sekretärin: «Sie können gleich hineingehen. Er hat sich schon gefragt, wann Sie wohl wieder bei ihm auftauchen.»

Als der junge Mann das Arbeitszimmer betrat, fiel ihm wieder auf, wie klar und übersichtlich alles war. Der 1-Minuten-Manager begrüßte ihn mit einem freundlichen Lächeln.

«Nun, was haben Sie auf Ihren Reisen entdeckt?» fragte er.

«Eine Menge», antwortete der junge Mann voller Begeisterung.

«Dann erzählen Sie mir mal, was Sie erfahren haben», ermutigte ihn der Manager.

«Ich habe herausgefunden, warum Sie sich als 1-Minuten-Manager bezeichnen. Gemeinsam mit Ihren Mitarbeitern formulieren Sie 1-Minuten-Ziele, damit sichergestellt ist, daß alle wissen, wofür sie die Verantwortung tragen und welche Leistungsanforderungen dabei erfüllt werden müssen. Dann gehen Sie dazu über, sie dabei zu erwischen, wenn sie eine Sache gut gemacht haben, damit Sie ihnen ein 1-Minuten-Lob aussprechen können. Und wenn sie dann schließlich alle Voraussetzungen besitzen, eine Sache gut zu erledigen, es aber trotzdem nicht tun, geben Sie ihnen eine 1-Minuten-Kritik.»

«Und was halten Sie von der ganzen Sache?» fragte der 1-Minuten-Manager.

«Ich bin erstaunt, wie einfach das alles ist», sagte der junge Mann. «Und trotzdem funktioniert es – Sie schaffen hervorragende Ergebnisse. Ich bin überzeugt, daß es bei Ihnen ganz sicher funktioniert.»

«Und bei Ihnen wird es das auch, wenn Sie bereit sind, danach zu *handeln*», versicherte der Manager.

«Vielleicht», sagte der junge Mann. «Aber es würde mir sicher leichter fallen, danach zu handeln, wenn ich besser verstehen könnte, *warum* es funktioniert.»

«Das gilt für jeden, wissen Sie? Je besser man versteht, warum etwas so und nicht anders funktioniert, desto besser kann man es anwenden. Daher erzähle ich Ihnen sehr gern, was ich darüber weiß. Womit wollen Sie anfangen?»

«Also, vor allem würde ich gern wissen, ob Sie wirklich der Ansicht sind, daß es nur eine Minute kostet, all diese Dinge zu tun, die ein Manager tun soll?»

«Nein, nicht immer. Es ist mehr eine Umschreibung dafür, daß der Beruf eines Managers nicht so kompliziert ist, wie man immer behauptet. Und so kostet die Anleitung von Mitarbeitern nicht so viel Zeit, wie Sie vielleicht annehmen. Wenn ich also 1-Minuten-Management sage, kann es durchaus sein, daß die Schlüsselelemente, wie die Zielfestlegung, länger als eine Minute dauern. Es handelt sich um einen symbolischen Ausdruck. Und sehr häufig dauert es tatsächlich nur eine Minute. Ich will Ihnen einen der Merksätze zeigen, die auf meinen Schreibtisch stehen.»

Der junge Mann schaute hin und las:

Jeder Augenblick,
den ich meinen
Mitarbeitern widme,
ist gewinnbringend
angelegt

«Es ist komisch», sagte der Manager. «Die meisten Firmen geben 50 bis 70 Prozent ihres Geldes für die Gehälter ihrer Angestellten aus. Und trotzdem geben sie weniger als 1 Prozent ihres Etats für die Fortbildung ihrer Mitarbeiter aus. Tatsache ist, daß bei weitem die meisten Firmen mehr Zeit und Geld in die Instandhaltung ihrer Gebäude und Maschinen investieren als in die Pflege und Entwicklung ihrer Arbeitskräfte.»

«So habe ich das noch nie betrachtet», gab der junge Mann zu. «Doch wenn es die Menschen sind, die die Ergebnisse erzielen, dann ist es natürlich sehr sinnvoll, daß man auch in Menschen investieren muß.»

«Genau», sagte der Manager. «Ich wünschte, ich hätte schneller jemanden gehabt, der in mich investiert, als ich anfing zu arbeiten.»

«Was meinen Sie damit?» fragte der junge Mann.

«Nun, bei den meisten Firmen, wo ich früher gearbeitet habe, wußte ich häufig nicht, was von mir erwartet wurde. Niemand machte sich die Mühe, es mir zu sagen. Wenn Sie mich gefragt hätten, ob ich gute Arbeit leiste, hätte ich entweder antworten müssen: ‹Ich weiß es nicht› oder: ‹Ich hoffe es›. Und wenn Sie mich gefragt hätten, warum, hätte ich antworten müssen ‹Mein Chef hat mich in letzter Zeit nicht angemeckert› oder ‹Wer schweigt, ist einverstanden›. Es war fast so, als ob es meine wichtigste Motivation wäre, Strafpunkte zu vermeiden.»

«Das ist interessant», sagte der junge Mann. «Doch ich habe es, glaub ich, noch nicht ganz verstanden. Zuerst kommt das 1-Minuten-Zielfestlegen. Warum funktioniert das so gut?»

«SIE MÖCHTEN ALSO WISSEN, warum das 1-Minuten-Ziel funktioniert?» sagte der Manager. «Gut.» Er stand auf und begann langsam im Zimmer hin und her zu wandern.

«Ich will Ihnen ein Beispiel nennen, das die Sache vielleicht deutlicher macht. In den verschiedenen Firmen, in denen ich früher viele Jahre war, habe ich viele lustlose, unmotivierte Menschen arbeiten sehen. Aber ich habe noch nie einen unmotivierten Menschen nach der Arbeit gesehen. Jeder scheint motiviert zu sein, irgend etwas zu unternehmen.

An einem Abend zum Beispiel war ich beim Bowling und traf dort einige unserer ‹Problemfälle› aus meiner letzten Firma. Einer der schwierigsten Mitarbeiter, an den ich mich noch sehr gut erinnern konnte, nahm die Kugel, stellte sich an die Linie und warf die Kugel. Dann fing er an zu schreien und zu lachen und herumzuspringen. Was meinen Sie wohl, warum er so in Fahrt war?»

«Weil er alle neune geworfen hatte.»

«Genau. Warum, glauben Sie, sind er und andere Leute bei der Arbeit nicht genauso begeistert?»

«Weil er nicht weiß, wo die Kegel stehen», antwortete der junge Mann mit einem Lächeln. «Ich verstehe. Wie lange würde ihm das Bowling Spaß machen, wenn keine Kegel da wären?»

«Richtig», sagte der 1-Minuten-Manager. «Jetzt verstehen Sie auch, was in den meisten Firmen geschieht. Ich nehme an, die meisten Manager wissen schon, was sie von ihren Mitarbeitern erwarten. Sie machen sich aber nicht die Mühe, es ihren Mitarbeitern auf verständliche Weise zu sagen. Sie setzen einfach voraus, daß die das schon wissen werden. Ich setze nie etwas voraus, wenn es sich um die Festlegung von Zielen handelt.

Wenn Sie voraussetzen, daß die Leute wissen, was von ihnen erwartet wird, erfinden Sie damit eine unergiebige Form von Bowling. Sie stellen die Kegel auf, doch wenn der Spieler die Kugel ansetzt, merkt er, daß sich vor den Kegeln eine Sichtblende befindet. Die Kugel rollt also, geht unter der Blende durch, man hört es kullern, man weiß aber nicht, wie viele Kegel gefallen sind. Wenn Sie den Spieler danach fragen, wie er abgeschnitten hat, wird er antworten: ‹Ich weiß nicht. Aber ich hatte ein gutes Gefühl dabei.›

Es ist so, als wollte man bei Dunkelheit Golf spielen. Viele meiner Freunde haben mit dem Golfspielen aufgehört. Als ich sie fragte warum, sagten sie: ‹Die Plätze sind überfüllt.› Als ich ihnen vorschlug, doch nachts zu spielen, lachten sie, denn wer will schon Golf spielen, wenn man die Löcher nicht sehen kann?

Dasselbe beim Fußball. Wie viele Menschen würden wohl stundenlang vor dem Fernseher sitzen und zwei Mannschaften zugucken, die auf einem Feld hin und her rennen, wenn es da nicht zwei Tore gäbe, auf die man schießen kann?»

«Klar! Aber warum ist das so?» fragte der junge Mann.

«Das kommt alles daher, daß nichts die Menschen so stark motiviert wie das Feedback über Ergebnisse. Wir haben hier bei uns noch einen anderen Satz, den man sich merken kann: ‹Feedback ist das Frühstück für Champions.› Feedback hält uns auf Trab. Leider, leider denken sich die meisten Manager noch eine dritte Art von Bowling aus, wenn sie entdecken, daß Feedback die stärkste Motivation ist.

Wenn der Spieler sich zum Wurf fertigmacht, sind die Kegel immer noch aufgestellt, und auch die Sichtblende ist an ihrem Platz. Doch etwas ist jetzt anders als vorher – hinter der Sichtblende steht ein Kontrolleur. Wenn der Spieler die Kugel rollt, hört er das Fallen der Kegel, und dann hält der Kontrolleur zwei Finger hoch, um anzuzeigen, daß man zwei Kegel getroffen hat. Aber sagen einem die meisten Manager denn tatsächlich, daß man zwei getroffen hat?»

«Nein», sagte der junge Mann lächelnd. «Meistens sagen sie, man hat acht verhauen.»

«Da haben wir's!» sagte der 1-Minuten-Manager. «Ich habe mich immer gefragt: Warum nimmt der Manager die Blende nicht weg, so daß auch seine Mitarbeiter die Kegel sehen können? Warum eigentlich nicht? Weil er der großen amerikanischen Tradition verpflichtet ist – der Leistungsbeurteilung.»

«Weil er der Leistungsbeurteilung verpflichtet ist?» wunderte sich der junge Mann.

«Richtig. Das Spielchen heißt ‹Jetzt hab ich dich erwischt, mein Lieber!› Solche Manager sagen ihren Mitarbeitern nicht, was sie von ihnen erwarten. Sie lassen sie machen, um sie dann runterzuputzen, wenn sie nicht die gewünschte Leistung bringen.»

«Was, meinen Sie, ist der Grund für ein solches Verhalten?» fragte der junge Mann, der sehr genau wußte, daß der Manager völlig recht hatte: So war es wirklich.

«Damit sie gut dastehen», sagte der Manager.

«Wie bitte? Damit sie gut dastehen?» fragte der junge Mann.

«Was glauben Sie, was Ihr Chef von Ihnen denken würde, wenn Sie jedem Ihrer Mitarbeiter immer nur Eins-a-Zeugnisse ausstellen würden?»

«Er würde denken, ich bin viel zu milde und kann eine gute Leistung nicht von einer schlechten unterscheiden.»

«Ganz genau», sagte der Manager. «Um als ein richtiger Manager angesehen zu werden, muß man in den meisten Firmen ein paar von seinen Leuten bei Fehlern erwischen. Man braucht immer ein paar Könner und ein paar Versager und die anderen irgendwo dazwischen. Sie sehen, in unserem Land herrscht die Mentalität der Normalverteilungskurve. Als ich einmal die Schule meines Sohnes besuchte, durfte ich bei einer Klassenarbeit zuschauen. Als ich die Lehrerin fragte, wieso die Kinder keinen Atlas benutzen dürfen, antwortete sie: ‹Das geht nicht, dann würden ja alle die Aufgaben richtig lösen.› Als ob es etwas Schlechtes wäre, wenn alle gut abschneiden würden.»

«Ich habe mal irgendwo gelesen, daß Einstein, als ihn jemand nach seiner Telefonnummer fragte, zum Telefonbuch griff, um sie nachzuschlagen», sagte der Manager.

Der junge Mann lachte. «Das meinen Sie doch nicht im Ernst.»

«Doch, ganz ernsthaft. Einstein sagte, daß er sein Gehirn nie mit Sachen vollstopfe, die er irgendwo nachschlagen könne.

Wenn Sie nun aber über diese Dinge nie nachgedacht hätten», fuhr der Manager fort, «was würden Sie dann wohl von jemandem halten, der seine eigene Telefonnummer im Telefonbuch nachschlägt? Wäre das in Ihren Augen ein Könner oder ein Versager?»

Der junge Mann grinste und sagte: «Eindeutig ein Versager.»

«Klar», erwiderte der Manager. «Ich würde ihn auch so sehen. Aber wir hätten uns bei Einstein beide geirrt, nicht wahr?»

Der junge Mann nickte zustimmend.

«Wir alle machen leicht diesen Fehler», sagte der Manager. Dann zeigte er seinem Besucher wieder eine kleine Spruchtafel, die er sich angefertigt hatte. «Lesen Sie mal!»

Jeder Mensch
ist potentiell ein Könner.

Manche Menschen
sehen aus wie Versager.

Laß dich
durch ihr Aussehen
nicht täuschen!

«Sie sehen also», sagte der Manager, «Sie haben als Manager drei Möglichkeiten. Erstens, Sie stellen Könner ein. Die sind schwer zu finden und kosten viel Geld. Zweitens, wenn Sie keinen Könner finden, können Sie jemanden einstellen, der die Anlagen zu einem Könner hat. Dann müssen Sie den Betreffenden systematisch zu einem Könner ausbilden. Wenn Sie sich für keine von beiden Möglichkeiten entscheiden (und ich bin immer wieder erstaunt, wie viele Manager nicht das Geld ausgeben wollen für einen Könner und auch nicht die Zeit investieren wollen, um einen Könner heranzuziehen), dann bleibt nur noch die dritte Möglichkeit – beten.»

Der junge Mann zuckte zusammen. Er ließ Papier und Schreiber sinken und sagte: «Beten?»

Der Manager lachte. «Ich wollte nur einen kleinen Scherz machen. Doch überlegen Sie mal, wie viele Manager tatsächlich jeden Tag beten ‹Ich hoffe, der macht sich.›»

«Ach so, jetzt verstehe ich!» sagte der junge Mann ernst. «Nehmen wir mal die erste Möglichkeit. Wenn man sich einen Könner holt, ist es natürlich keine Kunst, ein 1-Minuten-Manager zu sein, finde ich.»

«Ohne Frage», sagte der Manager mit einem Lächeln. Er wunderte sich, wie ernst der junge Mann auf einmal war – so als ob ein ernster Mensch ein besserer Manager wäre. «Mit einem Könner brauchen Sie nur die 1-Minuten-Ziele festzulegen, alles andere kann er von selbst.»

«Ms. Brown habe ich so verstanden, daß Sie bei ihr manchmal sogar darauf verzichten», sagte der junge Mann.

«Da hat sie vollkommen recht», sagte der Manager. «Ms. Brown hat in ihrem kleinen Finger mehr Ahnung als andere in der ganzen Hand. Doch für jeden – für den Könner wie für den potentiellen Könner – ist die 1-Minuten-Zielfestlegung die entscheidende Voraussetzung für produktives Verhalten.»

«Stimmt es, daß – egal, wer die 1-Minuten-Zielfestlegung veranlaßt hat – jedes Ziel auf einem Blatt für sich beschrieben werden muß?»

«Stimmt absolut», bestätigte der 1-Minuten-Manager.

«Warum ist das so wichtig?»

«Damit sich die Mitarbeiter ihre Ziele häufig vor Augen führen und den Stand ihrer Leistungen an den festgelegten Zielen messen können.»

«Ich habe gehört, daß Sie nur die wichtigsten Ziele und Aufgabenbereiche und nicht jeden beliebigen Arbeitsvorgang schriftlich festhalten lassen», sagte der junge Mann.

«Ja. Ich will doch aus diesem Betrieb keine Papierfabrik machen. Ich will nicht, daß hier Unmengen von Zetteln in Aktenordnern verstauben und nur einmal im Jahr, wenn das Programm fürs nächste Jahr oder eine Leistungsbewertung ansteht, durchgesehen werden.

Vielleicht haben Sie bemerkt, daß jeder, der bei uns hier arbeitet, ein Schild mit einem Spruch an seinem Arbeitsplatz hat. Etwa so eines.» Er zeigte seinem Besucher das kleine Poster mit dem Slogan:

Nimm dir eine Minute Zeit:
Schau dir deine Ziele an.
Schau dir deine Leistung an.
Sieh zu, ob dein Verhalten
deinen Zielen entspricht.

Der junge Mann war erstaunt. Das hatte er bei seinem ersten Besuch übersehen. «Das ist mir nie aufgefallen», sagte er. «Ganz fabelhaft! Können Sie mir eines von diesen Postern mitgeben?»

«Natürlich», sagte der Manager. «Ich werde dafür sorgen.»

Während er sich noch Notizen über das eben Gehörte aufschrieb, sagte der angehende Manager, ohne aufzusehen: «Es ist schwierig, wissen Sie, in so kurzer Zeit alles zu lernen, was man über das 1-Minuten-Management wissen muß. Es gibt noch sehr viel mehr, was ich zum Beispiel über die 1-Minuten-Ziele erfahren möchte, aber vielleicht kann ich das später nachholen.

Könnten wir jetzt zum 1-Minuten-Lob überwechseln?» fragte der junge Mann, indem er aufblickte.

«Natürlich», sagte der 1-Minuten-Manager. «Sie fragen sich wahrscheinlich auch, warum das funktioniert.»

«Ja, das würde ich auch gern wissen», erwiderte der Besucher.

«WIR WOLLEN UNS ein paar Beispiele ansehen», sagte der 1-Minuten-Manager. «Vielleicht wird Ihnen dann klarer, warum das 1-Minuten-Lob so gut funktioniert.»

«Gern», sagte der junge Mann.

«Ich fange mit Tauben-Versuchen an und komme dann auf den Menschen zu sprechen», sagte der Manager. «Sie dürfen dabei aber nie vergessen, daß die Menschen keine Tauben sind. Menschen sind viel komplizierter. Sie haben ein Bewußtsein, sie können selbständig denken, und sie wollen auf keinen Fall von jemand anderem manipuliert werden. Vergessen Sie das nicht, und richten Sie sich danach. Das ist ein Schlüssel zum guten Management.

Mit diesen Gedanken im Hinterkopf können wir uns ein paar simple Beispiele ansehen, die deutlich machen, daß wir alle nach dem streben, was uns angenehm ist, und das vermeiden, was uns unangenehm ist.

Nehmen wir an, Sie haben eine undressierte Taube, der Sie beibringen wollen, einen rechteckigen Käfig in der Ecke vorne links zu betreten, den Käfigboden diagonal zu der Ecke hinten rechts zu durchqueren und dann mit dem rechten Fuß einen Hebel zu drücken. Nehmen wir weiter an, daß in der Nähe des Eingangs ein Futterbehälter angebracht ist, der der Taube Körner spendiert zur Belohnung und Verstärkung. Was meinen Sie, was geschehen würde, wenn wir die Taube in den Käfig setzen und einfach abwarten, bis sie in die hintere rechte Ecke läuft und den Hebel mit ihrem rechten Fuß drückt, und erst dann würden wir ihr Futter geben?» fragte der 1-Minuten-Manager.

«Sie würde verhungern», antwortete der junge Mann.

«Richtig. Wir würden sehr viele Tauben verlieren. Die Taube würde verhungern, weil sie überhaupt nicht weiß, was sie tun soll.

Nun ist es gar nicht so schwer, einer Taube beizubringen, diese Aufgabe zu lösen. Man muß nur kurz hinter dem Eingang einen Strich ziehen. Wenn die Taube den Käfig betritt und den Strich überquert, fällt Futter aus dem Behälter, und die Taube kann fressen. Sehr bald wird die Taube schnurstracks zu diesem Fleck hinlaufen, doch da soll die Taube ja gar nicht hin. Denn wo soll sie schließlich ankommen?»

«In der hinteren rechten Ecke des Käfigs», sagte der junge Mann.

«Richtig!» bestätigte der Manager. «Darum belohnen Sie die Taube nach einer Weile nicht mehr, wenn sie diesen Fleck erreicht, sondern ziehen einen neuen Strich, nicht sehr weit weg vom ersten und etwas näher dran am Ziel: der hinteren rechten Ecke des Käfigs. Jetzt sucht die Taube auf dem alten Fleck herum und bekommt kein Futter. Doch über kurz oder lang läuft die Taube über die neue Linie weg – und zack! läßt die Futtermaschine Körner fallen, und die Taube bekommt was zu fressen.»

«Dann ziehen Sie noch eine Linie. Wieder ein bißchen in Richtung auf das Ziel zu, aber nicht so weit von dem alten Strich entfernt, daß die Taube keine Chance hat. Und so rücken wir mit unseren Linien immer dichter zur hinteren rechten Ecke des Käfigs vor, bis wir der Taube erst dann Futter geben, wenn sie den Hebel drückt, und schließlich erst dann, wenn sie den Hebel mit dem rechten Fuß drückt.»

«Warum setzen Sie all diese kleinen Zwischenziele?» wollte der junge Mann wissen.

«Indem wir diese Folge von Linien ziehen, setzen wir Ziele, die die Taube erreichen *kann*. Wenn man also jemanden an eine neue Aufgabe heranführen will, kommt es entscheidend darauf an, ihn am Anfang dabei zu erwischen, wenn er etwas annähernd richtig macht, bis er schließlich lernt, es genau richtig zu machen.

Bei Kindern und Tieren setzen wir diese Methode immer ein, aber irgendwie scheinen wir sie zu vergessen, wenn es sich um große Leute handelt, um Erwachsene. Ein anderes Beispiel: die Delphin-Shows. Am Ende der Vorführung springt ein riesiger Wal über ein hohes Tau hinweg. Wenn er wieder runterplatscht, werden alle naß bis auf die Haut.

Beim Rausgehen fragen sich die Zuschauer: ‹Unglaublich! Wie haben sie dem Wal das beigebracht?›

Glauben Sie, daß die mit einem Schiff aufs Meer hinausfahren», fragte der Manager, «ein Tau über das Wasser spannen und schreien: ‹Spring, spring!›, bis der Wal aus dem Wasser hochspringt und über das Tau hinweg? Und dann sagen: ‹Na also, den nehmen wir. Das ist ein echter Könner!›»

«Nein», lachte der junge Mann. «Aber sie *hätten* damit *wirklich* einen Könner an Land gezogen.»

Beide Männer mußten über diese Vorstellung lachen.

«Sie haben recht», sagte der Manager. «Als sie den Wal einfingen, hatte der noch keine Ahnung vom Seilspringen. Wo, glauben Sie, wurde das Seil angebracht, als sie anfingen, ihn in dem großen Becken zu dressieren?»

«Am Grund des Beckens», antwortete der junge Mann.

«Natürlich!» stimmte der Manager zu. «Jedesmal, wenn der Wal über das Seil schwamm, wurde er gefüttert. Bald wurde das Seil etwas höher angebracht.

Wenn der Wal unter dem Seil hindurchschwamm, wurde er während des Trainings nicht gefüttert. Daher schwamm der Wal nach kurzer Zeit nur noch über das Seil. Dann spannten sie das Seil noch etwas höher.»

«Warum erhöhen sie das Seil?» fragte der junge Mann.

«Erstens», begann der Manager, «weil sie ihr Ziel – der Wal soll ja lernen, weit aus dem Wasser und über das Seil zu springen – nicht aus den Augen lassen.

Und zweitens», führte der Manager aus, «ist es keine spannende Sache, wenn ein Dompteur verkündet: ‹Leute, der Wal hat es eben gerade wieder geschafft.› Vielleicht starren alle ins Wasser, aber sie können nichts sehen. Also wird das Seil über eine gewisse Zeit hinweg immer weiter angehoben, bis es schließlich auf der Wasseroberfläche liegt. Der große Wal weiß jetzt, daß er etwas aus dem Wasser und über das Seil springen muß, wenn er gefüttert werden will. Sobald dieses Ziel erreicht ist, kann das Seil immer höher über das Wasser gespannt werden.»

«So machen die das also», sagte der junge Mann. «Nun habe ich begriffen, wie diese Dressurmethode bei Tieren funktioniert. Aber geht es nicht zu weit, sie auch bei Menschen anzuwenden?»

«Nein, es ist eine ganz natürliche Sache», sagte der Manager. «Wir alle machen mit unseren Kindern im Grund genau dasselbe. Wie soll man ihnen sonst das Gehen beibringen, was meinen Sie? Können Sie sich vorstellen, daß man ein Kind auf die Füße stellt und sagt ‹Geh!›, und wenn es umfällt, hebt man es auf, gibt ihm ordentlich Haue und sagt: ‹Ich hab dir gesagt, du sollst gehen.› So bestimmt nicht. Sie stellen das Kind frei auf die eigenen Beinchen, und am ersten Tag wackelt es noch ganz schön hin und her, und Sie werden ganz aufgeregt und schreien: ‹Es kann stehen, es kann stehen!›. Und dann umarmen und küssen Sie das Kind.

Am nächsten Tag steht das Baby schon etwas länger und macht vielleicht sogar einen wackeligen Schritt. Und dann gibt es wieder ganz viele Küßchen und Umarmungen von Ihnen.

Schließlich findet das Kind Gefallen an dieser Sache, setzt seine wackeligen Beinchen immer öfter, bis es irgendwann gehen kann.

Genauso geht es, wenn man einem Kind das Sprechen beibringt. Angenommen, Sie möchten, daß das Kind sagt: ‹Bitte, gib mir ein Glas Wasser.› Falls Sie warten würden, bis das Kind den vollständigen Satz sagt, bevor sie ihm ein Glas Wasser geben, würde es sicher verdursten. Daher beginnen Sie mit dem Wort ‹Wasser›. Eines Tages sagt das Kind plötzlich ‹Wattah!› Sie springen vor Freude auf, umarmen und küssen das Kind, rufen die Großmutter an, damit sie auch hören kann, wie das Kind ‹Wattah, Wattah› sagt. Es war zwar noch nicht ganz ‹Wasser›, aber schon fast.

Nun wollen Sie aber nicht, daß Ihr Kind, wenn es 21 ist, in einem Restaurant um ein Glas ‹Wattah› bittet. Also lassen Sie nach einer Weile nur noch das Wort ‹Wasser› gelten und konzentrieren sich dann auf das ‹Bitte›.

Diese Beispiele beweisen: Will man jemanden zum Könner erziehen, muß man ihn unbedingt dabei erwischen, wenn er etwas gut macht. Am Anfang genügt schon eine annähernd gute Leistung, und allmählich bringt man sie auf das gewünschte Niveau. Könner braucht man nicht sehr häufig bei einer guten Leistung zu erwischen, denn sie erwischen sich selbst bei guten Leistungen und sind in der Lage, sich ihre Selbstbestätigung allein zu geben.»

«Ist das der Grund, weshalb Sie neue Mitarbeiter in der ersten Zeit viel beobachten», fragte der junge Mann, «oder erfahrene Mitarbeiter, die ein neues Projekt beginnen?»

«Ja», sagte der 1-Minuten-Manager. «Die meisten Manager warten mit dem Loben, bis ihre Mitarbeiter etwas genau richtig gemacht haben. Als Folge davon erreichen viele Menschen nie ihre Höchstleistung, weil ihre Manager sich darauf konzentrieren, sie bei Fehlern zu ertappen – und das umfaßt alles, was dem vorgeschriebenen Leistungsniveau nicht vollständig entspricht. Übertragen auf unser Taubenbeispiel würde das entsprechende Verhalten folgendermaßen aussehen: Man setzt die Taube in den Käfig und wartet mit dem Füttern jetzt nicht nur so lange, bis sie den Hebel berührt, sondern verteilt noch zusätzlich einige elektrische Drähte im Käfig, die der Taube in regelmäßigen Abständen Stromschläge versetzen, damit sie motiviert bleibt.»

«Das hört sich nicht sehr erfolgversprechend an», meinte der junge Mann.

«Ist es auch nicht», stimmte der 1-Minuten-Manager zu. «Nachdem die Taube eine Zeitlang die Strafe eingesteckt hat und sie immer noch nicht weiß, welches Verhalten von ihr erwartet wird (nämlich den Hebel zu betätigen), hockt sie sich in eine Ecke des Käfigs und rührt sich nicht mehr vom Fleck. Die Taube hat gelernt, daß es sich in dieser feindlichen Umgebung nicht lohnt, ein Risiko einzugehen.

Dasselbe praktizieren wir nur allzu häufig mit neuen, noch unerfahrenen Mitarbeitern. Wir heißen sie bei uns willkommen, führen sie herum und machen sie mit ihren Kollegen bekannt – und dann lassen wir sie allein. Wir versäumen nicht nur, sie bei einer einigermaßen guten Arbeit zu erwischen, sondern ziehen ihnen auch noch regelmäßig eins über, nur damit sie in Bewegung bleiben. Das ist der bei weitem verbreitetste Führungsstil. Wir nennen das den Stil ‹Erst allein lassen – dann bestrafen›. Man überläßt die Mitarbeiter sich selbst, erwartet gute Leistungen von ihnen, und wenn das nicht klappt, staucht man sie zusammen.»

«Wie wirkt sich das auf die Mitarbeiter aus?» fragte der junge Mann.

«Wenn Sie auch nur einen einzigen Betrieb kennen, und ich habe Sie so verstanden, daß Sie sich mehrere angesehen haben», sagte der Manager, «dann wissen Sie es, denn Sie sind diesen Menschen begegnet. Sie tun so wenig wie möglich.

Und da liegt zur Zeit der Fehler in den meisten Firmen: Die Leute produzieren nicht wirklich – weder Quantität noch Qualität. Und ein wesentlicher Grund für schlechte Wirtschaftslage ist einfach, daß die Menschen so schlecht angeleitet werden.»

Der junge Mann ließ sein Notizbuch sinken. Er dachte über das nach, was er gerade gehört hatte. Allmählich sah er das 1-Minuten-Management als das, was es war – als ein praktisches Instrument der Geschäftsführung.

Es erstaunte ihn, wie gut etwas so Einfaches wie das 1-Minuten-Lob funktionierte – ganz gleich ob man es innerhalb oder außerhalb des Wirtschaftslebens anwandte.

«Das erinnert mich an Freunde von mir», sagte der junge Mann. «Sie riefen mich an, um mir zu sagen, daß sie sich einen Hund angeschafft hatten. Sie wollten wissen, was ich zu ihrer Hundeerziehung meine, die sie sich vorgenommen hatten.»

Die nächste Frage hätte der Manager am liebsten gar nicht gestellt: «Und wie wollten sie vorgehen?»

«Sie sagten, wenn der Hund auf den Teppich macht, wollten sie ihn mit der Nase draufstoßen, mit einer zusammengerollten Zeitung verhauen und ihn dann durch die Klapptür in der Küche auf den Hof schmeißen, da soll er sein Geschäft machen, und nur da.

Als sie dann fragten, wie sich meiner Meinung nach diese Methode auswirken würde, mußte ich lachen, denn das wußte ich genau. Nach drei Tagen würde der Hund immer noch auf den Teppich machen und danach schnell durch die Klapptür flitzen. Der Hund würde zwar nicht wissen, was das soll, aber wie man sich schnellstens aus dem Staub macht, das hätte er wohl begriffen.»

Der Manager lachte aus vollem Herzen.

«Das ist eine herrliche Geschichte», sagte er. «Genau das passiert, wenn man jemanden straft, der nicht genügend Selbstvertrauen besitzt oder dem die nötige Erfahrung fehlt. Wenn unerfahrene Mitarbeiter keine Leistung bringen (das heißt nicht tun, was von ihnen erwartet wird), dann sollte man, anstatt zu strafen, lieber die 1-Minuten-Zielfestlegung wiederholen und sichergehen, daß sie erstens begreifen, was von ihnen erwartet wird, und sich zweitens vorstellen können, wie eine gute Leistung in diesem Zusammenhang aussieht.»

«Und wenn Sie dann die 1-Minuten-Zielfestlegung noch einmal durchgegangen sind», fragte der junge Mann, «versuchen Sie dann wieder, sie bei einer einigermaßen guten Arbeit zu erwischen?»

«Ganz genau», bejahte der 1-Minuten-Manager. «Am Anfang muß man immer versuchen, Situationen herzustellen, die ein 1-Minuten-Lob rechtfertigen.» Dann sagte der Manager und sah dabei dem jungen Mann direkt in die Augen: «Sie sind ein begeisterungsfähiger und aufnahmebereiter Zuhörer. Daher macht es mir Freude, Sie in die Geheimnisse des 1-Minuten-Managements einzuweihen.» Beide lächelten. Ein 1-Minuten-Lob konnten sie auf Anhieb erkennen.

«Mir gefällt ein Lob wesentlich besser als ein Tadel», lachte der junge Mann. «Ich glaube, ich verstehe jetzt, warum 1-Minuten-Ziel und 1-Minuten-Lob so gut funktionieren. Beides ist in der Tat sehr einleuchtend für mich.»

«Gut», sagte der 1-Minuten-Manager.

«Aber ich kann mir nicht vorstellen, wieso die 1-Minuten-Kritik funktioniert», wunderte sich der junge Mann.

«Dann will ich Ihnen gerne ein wenig darüber erzählen», sagte der 1-Minuten-Manager.

«ES GIBT MEHRERE GRÜNDE für die Wirksamkeit der 1-Minuten-Kritik.

Als erstes», erklärte der Manager, «ist die 1-Minuten-Kritik ein promptes Feedback. Das heißt, Sie konfrontieren den Betreffenden sofort, nachdem Sie das ‹Fehlverhalten› bemerkt haben oder Ihr Datensystem Sie darauf aufmerksam gemacht hat. Es ist ganz schlecht, wenn man so etwas auf die lange Bank schiebt und der Ärger über die schlechte Leistung von jemandem sich in einem aufstaut.

Die Tatsache, daß das Feedback so prompt eintrifft, ist ein wichtiger Bestandteil der Wirksamkeit der 1-Minuten-Kritik. Wenn die Zurechtweisung nicht so schnell wie möglich nach dem Fehlverhalten erfolgt, verliert sie ihre positive Wirkung auf zukünftiges Verhalten. Die meisten Manager kritisieren nach dem Schema ‹Schwarze Liste›. Das heißt, sie sammeln ihre Beobachtungen von ungenügender Arbeit, um dann eines Tages bei Gelegenheit einer Leistungsbewertung oder wenn sie allgemein schlecht gelaunt sind, weil sich bei ihnen so viel aufgestaut hat, alles ‹auszupacken› und ‹voll zuzuschlagen›. Dann werfen sie ihren Mitarbeitern alles an den Kopf, was die in den letzten Wochen oder Monaten oder überhaupt falsch gemacht haben.»

Der junge Mann seufzte und sagte: «Wie wahr.»

«Und dann», fuhr der 1-Minuten-Manager fort, «endet es meistens damit, daß Manager und Mitarbeiter sich über die Fakten streiten, oder es herrscht feindseliges Schweigen. Die Person, die das Feedback erhält, hört gar nicht wirklich, was sie oder er falsch gemacht hat. Das ist eine Form der Zurechtweisung nach dem Motto ‹Erst allein lassen – dann bestrafen›, worüber ich vorhin sprach.»

«Ich erinnere mich gut», antwortete der junge Mann. «Das möchte ich auf jeden Fall vermeiden.»

«Unbedingt», stimmte der Manager zu. «Wenn die Manager nur früher eingreifen würden, könnten sie sich immer mit je einem Verhalten zur Zeit befassen, und die Person, die die Zurechtweisung erhält, würde nicht am Boden zerstört. Sie könnte das Feedback hören. Aus diesem Grunde sollte, finde ich, Leistungsbewertung ein ständiger Prozeß sein, nicht etwas, was man nur einmal im Jahr veranstaltet.»

«Also ist ein Grund für die Wirksamkeit der 1-Minuten-Kritik die Tatsache, daß die Person, die die Kritik zu hören bekommt, das Feedback ‹hören› kann. Es ist gerechter und klarer, wenn der Chef sich immer nur auf ein Verhalten zur Zeit bezieht», faßte der junge Mann zusammen.

«Ja», sagte der Manager. «Und zweitens, wenn ich eine 1-Minuten-Kritik ausspreche, stelle ich nie den Wert der Person selbst in Frage. Da ihr persönliches O. K.-Sein nicht ‹unter Beschuß› steht, haben sie keinen Grund, sich zu verteidigen. Ich kritisiere nur das *Verhalten*. So bezieht sich mein Feedback und ihre Reaktion nur auf das jeweilige Verhalten und verletzt ihre Selbstwertgefühle als Menschen in keiner Weise.

Wenn Chefs ihre Mitarbeiter zurechtweisen, greifen sie zu oft den gesamten Menschen an. Bei einer 1-Minuten-Kritik verfolge ich den Zweck, ein bestimmtes Verhalten auszumerzen und den Menschen zu behalten.»

«Darum also ist die zweite Hälfte der Kritik ein Lob», sagte der junge Mann. «Das Verhalten ist nicht o. k. Der Mensch als Ganzes ist o. k.»

«Ja», stimmte der 1-Minuten-Manager zu.

«Warum erteilen Sie nicht zuerst das Lob und dann die Kritik?» schlug der junge Mann vor.

«Aus irgendeinem Grund funktioniert das nicht», versicherte der Manager. «Jetzt fällt mir ein, daß einige Leute mich als ‹freundlich, aber hart› bezeichnen. Doch genaugenommen bin ich eher ‹hart, aber freundlich›.»

«Hart, aber freundlich», sprach der junge Mann nach.

«Ja», versicherte der 1-Minuten-Manager. «Das entspricht einer alten Philosophie, die buchstäblich Tausende von Jahren gute Dienste geleistet hat.

Eine Erzählung aus dem alten China berichtet darüber. Es war einmal ein Kaiser, der einen Stellvertreter ernannte. Er gab ihm die Bezeichnung Premierminister und sagte folgendes zu ihm: ‹Laß uns die Aufgaben teilen. Du erledigst alles Strafen, und ich übernehme alles Belohnen.› ‹Gut!› sagte der Premierminister: ‹Ich erledige alles Strafen, und du übernimmst alles Belohnen.›»

«Ich glaube, diese Geschichte wird mir gefallen», sagte der junge Mann.

«Ganz bestimmt», erwiderte der 1-Minuten-Manager mit einem wissenden Lächeln.

«Nun merkte dieser Kaiser sehr bald», fuhr der Manager fort, «daß, wann immer er jemandem etwas befahl, sein Befehl entweder ausgeführt wurde oder auch nicht. Sprach jedoch der Premierminister, kam sofort Bewegung in die Leute. Der Kaiser rief den Premierminister also wieder zu sich und sagte: ‹Laßt uns die Aufgaben neu verteilen. Du hast nun schon lange das Strafen erledigt. Laß mich jetzt das Strafen übernehmen, und du erledigst das Belohnen.› Also tauschten der Premierminister und der Kaiser wieder ihre Rollen.

Und es dauerte keinen Monat, da war der Premierminister Kaiser. Der Kaiser war ein netter Mensch gewesen, zu jedem freundlich und großzügig; dann begann er, die Menschen zu strafen. Die Leute sagten: ‹Was ist bloß in den alten Narren gefahren?› und jagten ihn kurzerhand davon. Als sie nach einem Ersatz für ihn suchten, sagten sie: ‹Wißt ihr, wer sich wirklich gut herausgemacht hat – der Premierminister!› Und sogleich wurde er in Amt und Würden eingesetzt.»

«Ist das eine wahre Geschichte?» fragte der junge Mann.

«Kommt's darauf an?» lachte der 1-Minuten-Manager. «Doch im Ernst», fügte er hinzu, «eins weiß ich genau. Wenn Sie bei der Beurteilung von Verhalten hart sind und *danach* den Menschen aufbauen, dann funktioniert es.»

«Kennen Sie Beispiele aus unserer Zeit, wo die 1-Minuten-Kritik auch außerhalb des Managements funktioniert hat?» fragte der junge Mann den weisen Manager.

«Ja, sicher», sagte der Manager. «Lassen Sie mich zwei nennen: Eins handelt von schwierigen Verhaltensproblemen bei Erwachsenen, und das andere befaßt sich mit der Erziehung von Kindern.»

«Was meinen Sie mit schwierigen Verhaltensproblemen bei Erwachsenen?» fragte der Mann.

«In diesem Fall meine ich den Alkoholismus», antwortete der Manager. «Vor ungefähr 30 Jahren entdeckte ein aufmerksamer Pfarrer eine Technik, die heute ‹Krisenintervention› genannt wird. Er machte diese Entdeckung, als er der Frau eines Arztes Beistand leistete. Sie lag schwerkrank in der Klinik und siechte langsam an Leberzirrhose dahin. Sie hielt jedoch immer noch daran fest, keine Probleme mit Alkohol zu kennen. Als sich die ganze Familie an ihrem Bett versammelt hatte, bat der Pfarrer jeden einzelnen, über konkrete Vorfälle zu berichten, die er beobachtet hatte. Das ist ein wichtiger Teil der 1-Minuten-Kritik. Bevor man eine Kritik äußert, muß man das Verhalten selbst gesehen haben – Sie dürfen sich nicht auf das stützen, was jemand anders gesehen hat. Sie erteilen niemals eine Kritik, die auf Hörensagen beruht.»

«Interessant», warf der junge Mann dazwischen.

«Lassen Sie mich zu Ende erzählen. Nachdem die Familie konkrete Vorfälle beschrieben hatte, bat der Priester jedes Familienmitglied, der Frau zu erzählen, wie es sich bei diesen Vorfällen gefühlt habe. Dicht um sie versammelt, erzählte einer nach dem anderen zuerst, was sie *getan* hatte, und dann, was sie selbst *empfunden* haben. Sie waren ärgerlich, frustriert, beschämt.

Und dann sagten sie ihr, wie sehr sie sie liebten, und berührten sie dabei ganz instinktiv und gaben ihr freundlich zu verstehen, wie sehr sie sich wünschten, daß sie leben und sich wieder am Leben freuen möge. Darum waren sie auch so böse über sie.»

«Das hört sich so einfach an», sagte der junge Mann, «besonders bei einer so komplizierten Sache wie Alkoholismus. Hat es funktioniert?»

«Ganz hervorragend», versicherte der 1-Minuten-Manager. «Und jetzt gibt es Zentren für Krisenintervention überall. Es ist natürlich nicht ganz so einfach, wie ich es eben zusammengefaßt habe. Doch diese drei wesentlichen Bestandteile – den Menschen sagen, was sie falsch gemacht haben; den Menschen sagen, was man selbst dabei empfindet; und schließlich: die Menschen daran erinnern, daß sie einem wertvoll sind und daß man sie mag –, diese drei Interventionen führen zu deutlichen Fortschritten im Verhalten eines Menschen.»

«Das ist ja kaum zu glauben», sagte der junge Mann.

«Ich weiß», stimmte der Manager zu.

«Sie sagten, Sie wollten mir zwei Beispiele für die erfolgreiche Anwendung der 1-Minuten-Kritik geben», sagte der junge Mann.

«Ja, natürlich. In den frühen siebziger Jahren machte ein Familientherapeut die gleiche erstaunliche Entdeckung bei Kindern. Er hatte viel über ‹Bonding› gelesen – über die emotionalen Beziehungen, die Menschen untereinander aufbauen. Er wußte, was Menschen brauchen. Menschen brauchen die Nähe von Menschen, von denen sie gemocht werden – sie möchten als wertvoll gelten, allein auf Grund der Tatsache, daß sie Menschen sind.

Der Arzt wußte auch, daß die Menschen die Dinge beim Namen genannt haben wollen – daß Menschen, die sie mögen, ihnen die Meinung sagen, wenn sie sich danebenbenehmen.»

«Wie kann man das in einer konkreten Situation anwenden?» wollte der junge Mann wissen.

«Den Eltern wird beigebracht, ihr Kind körperlich zu berühren, indem sie ihre Hand auf die Schulter des Kindes legen, seinen Arm berühren oder, wenn sie noch sehr jung sind, sie auf den Schoß nehmen. Dann sagen die Eltern dem Kind ganz genau, was es falsch gemacht hat und was die Eltern dabei empfinden – in ganz unmißverständlichen Worten. (Sie sehen, es ist fast das gleiche Vorgehen wie das der Familienangehörigen gegenüber der kranken Frau.) Schließlich holen die Eltern tief Luft und sagen einige Sekunden lang gar nichts – so daß das Kind *fühlen* kann, was seine Eltern fühlen. Dann sagen die Eltern ihren Sprößlingen, wie wertvoll und wichtig ihnen ihr Kind ist.

Sie sehen, man muß Verhalten und Wert unterscheiden können, wenn man Menschen anleitet. Wirklich wertvoll ist die *Person*, die ihr Verhalten selbst bestimmt. Das trifft auf uns als Manager zu und ebenso auf die Menschen, die wir anleiten.

Tatsache ist, wenn Sie dies wissen», sagte der Manager und zeigte auf eines seiner Lieblingsposter, «kennen Sie den Schlüssel zu einer wirklich konstruktiven Kritik.»

Ich bin
nicht
mein Verhalten.

Sondern:
Ich (hand-)habe
mein Verhalten.

«Wenn Sie erkennen, daß Sie Menschen anleiten und nicht nur ihr derzeitiges Verhalten steuern sollen», beendete der Manager seine Ausführungen, «werden Sie Erfolg haben.»

«Ich finde, es steckt eine Menge Zuneigung und Respekt in so einer Kritik», sagte der junge Mann.

«Ich bin froh, daß Sie das gemerkt haben. Sie werden sehr viel Erfolg mit der 1-Minuten-Kritik haben, wenn Ihnen das Wohlergehen der Menschen, die Sie kritisieren, wirklich am Herzen liegt.»

«Dabei fällt mir ein», warf der junge Mann dazwischen, «Mr. Levy hat mir erzählt, daß Sie ihm auf die Schulter klopfen, die Hand geben oder ihn auf andere Weise berühren, wenn Sie ihn loben. Und jetzt sehe ich, daß man die Eltern ermutigt, ihr Kind während einer Zurechtweisung anzufassen. Ist Berühren ein wichtiger Bestandteil des 1-Minuten-Lobs und der 1-Minuten-Kritik?»

«Ja und nein», antwortete der Manager mit einem Lächeln. «Ja, wenn Sie die Person gut kennen und eindeutig daran interessiert sind, dieser Person bei ihrer Arbeit zum Erfolg zu verhelfen. Und nein, wenn Sie oder die andere Person irgendeinen Zweifel daran hegen.

Berührung ist eine sehr eindringliche Botschaft», erklärte der Manager. «Die Menschen sind sehr empfindlich, was Berührungen angeht, und das muß man respektieren. Würden Sie zum Beispiel erfreut sein, wenn jemand, über dessen Motive Sie sich nicht klar sind, Sie während eines Lobs oder eines Tadels berührt?»

«Nein!» Die Antwort des jungen Mannes war eindeutig. «Das wäre ich bestimmt nicht!»

«Da sehen Sie, was ich meine», erklärte der Manager. «Berührung ist immer etwas Ehrliches. Die Menschen wissen sofort, ob eine Berührung Zuneigung ausdrückt oder ob Sie nur einen neuen Weg ausprobieren, um sie zu manipulieren.

Es gibt eine sehr simple Regel fürs Berühren», fuhr der Manager fort. «*Wenn Sie berühren: nichts nehmen!* Berühren Sie die Menschen, die Sie anleiten, nur, wenn Sie ihnen etwas *geben* – Bestätigung, Unterstützung, Ermutigung, was auch immer.»

«Man sollte also die Menschen so lange nicht berühren», sagte der junge Mann, «bis man sie kennt und sie wissen, daß man an ihrem Erfolg interessiert ist – daß man sich eindeutig für sie einsetzt. Das leuchtet mir ein.

Aber», sagte der junge Mann zögernd, «das 1-Minuten-Lob und die 1-Minuten-Kritik sehen zwar sehr einfach aus, aber sind sie nicht doch nur sehr wirksame Mittel, um die Menschen dazu zu bewegen, das zu tun, was man von ihnen will? Und ist das nicht Manipulation?»

«Sie haben recht, wenn Sie das 1-Minuten-Management ein wirksames Mittel nennen, um die Menschen dazu zu bewegen, zu tun, was man von ihnen will», bestätigte der Manager. «Doch Manipulation bedeutet, daß man die Menschen dazu bewegt, etwas zu tun, was sie entweder *nicht durchschauen* oder dem sie *nicht zustimmen*. Darum ist es so wichtig, daß jeder *von Anfang an* weiß, was Sie tun und warum.

Es ist hier so wie überall im Leben», erklärte der Manager. «Es gibt Dinge, die funktionieren, und andere Dinge, die funktionieren nicht. Mit den Menschen ehrlich umzugehen funktioniert am Ende immer. Andererseits, wie Sie vielleicht schon selbst in Ihrem Leben festgestellt haben, führt Unehrlichkeit im Umgang mit Menschen schließlich zu Mißerfolg. So einfach ist das.»

«Mir wird jetzt klar», sagte der junge Mann, «woher die Kraft Ihres Managementstils kommt – Sie mögen die Menschen.»

«Ja», sagte der Manager nur, «das ist wohl so.»

Der junge Mann dachte daran, wie schroff er diesen besonderen Manager beim ersten Zusammentreffen gefunden hatte. Es schien, als ob der Manager seine Gedanken lesen konnte.

«Manchmal», sagte der 1-Minuten-Manager, «müssen Ihnen die Menschen so sehr am Herzen liegen, daß Sie auch hart sein können. Und das ist bei mir der Fall. Bei schlechten Leistungen bin ich sehr hart – aber nur was die Leistung angeht. Ich bin niemals der Person gegenüber hart.»

Der junge Mann mochte den 1-Minuten-Manager. Er wußte nun, warum die Menschen so gerne mit ihm arbeiteten.

«Vielleicht ist das hier für Sie von Interesse», sagte der jüngere Mann und zeigte auf sein Notizheft. «Es ist ein Posterspruch, den ich mir ausgedacht habe als Erinnerung daran, wie *Ziele* – die 1-Minuten-Ziele – und *Konsequenzen* – Lob und Kritik – das Verhalten der Menschen beeinflussen.»

Ziele
setzen
unser Verhalten
in Gang.

Konsequenzen
halten
unser Verhalten
in Gang.

«Das ist sehr gut!» rief der Manager aus.

«Meinen Sie wirklich?» fragte der junge Mann, der das Kompliment gern noch einmal gehört hätte.

«Junger Mann», sagte der Manager sehr langsam und mit Nachdruck, «meine Aufgabe im Leben besteht nicht darin, den wandelnden Kassettenrecorder zu spielen. Ich habe nicht die Zeit, mich ständig zu wiederholen.»

Gerade als er dachte, ein Lob einheimsen zu können, hatte er eine weitere 1-Minuten-Kritik eingefangen – was er eigentlich vermeiden wollte.

Der aufgeweckte junge Mann ließ sich nichts anmerken und sagte nur: «Wie bitte?»

Die beiden sahen sich kurz an und: brachen in Gelächter aus.

«Ich mag Sie, junger Mann», sagte der Manager. «Was würden Sie davon halten, hier bei uns zu arbeiten?»

Starr vor Staunen ließ der junge Mann sein Notizbuch sinken. «Sie meinen, für Sie arbeiten?» fragte er voller Begeisterung.

«Nein. Ich meine, ob Sie für sich arbeiten wollen, wie die anderen Leute in meiner Abteilung. Keiner arbeitet wirklich für jemand anders. Ich helfe den Menschen nur dabei, besser zu arbeiten, und davon profitiert dann am Ende auch die Firma.»

Das war natürlich das, wonach der junge Mann die ganze Zeit gesucht hatte. «Sehr, sehr gern würde ich hier arbeiten», sagte er. Und das tat er auch – für einige Zeit.

Die Zeit, die der besondere Manager in ihn investiert hatte, zahlte sich aus. Denn schließlich geschah das Unvermeidliche:

ER WURDE ein 1-Minuten-Manager!

Er wurde ein 1-Minuten-Manager, nicht weil er wie einer dachte oder redete, sondern weil er wie einer handelte.

Er setzte 1-Minuten-Ziele.

Er erteilte das 1-Minuten-Lob.

Er erteilte die 1-Minuten-Kritik.

Seine Fragen waren kurz und zielten auf das Wesentliche.

Was er sagte, war einfach und wahr.

Er lachte gern.

Er arbeitete gern.

Sein Leben machte ihm Spaß.

Und vielleicht das Wichtigste von allem: Er ermutigte die Menschen, mit denen er arbeitete, es genauso zu machen.

Er entwarf sogar einen handlichen «Spielplan», um es seinen Mitarbeitern leichter zu machen, 1-Minuten-Manager zu werden. Jedem hatte er dieses nützliche Geschenk überreicht.

Die Mini-Mühle des Minuten-Managers

Schenken Sie sich selbst
und anderen die Gabe, mehr zu erreichen
in weniger Zeit!

Ziele setzen; Verhalten loben; Verhalten kritisieren; Menschen ermutigen; die Wahrheit sagen; lachen; arbeiten; Spaß haben und die Mitarbeiter anregen, es genauso zu halten!

Beginnen Sie

→ neue Ziele festlegen

mit der Festlegung von

Ziele erneut überprüfen, klarer formulieren und besser miteinander abstimmen ←

1-Minuten-Zielen
(auf je 1 Seite,
in je 1 Minute zu lesen)

Ziele erreicht (auch teilweise) ←

→ Ziele nicht erreicht

Geschafft!

Weitermachen
mit dem
↓
1-Minuten-Lob
indem Sie:
- das Verhalten loben (Gefühlsanteile deutlich machen)
- umgehend loben
- konkrete Einzelheiten ansprechen
- dem Mitarbeiter sagen, was er gut gemacht hat
- mitteilen, was Sie dabei empfinden
- den Mitarbeiter als Menschen ermutigen (echt empfundene persönliche Anerkennung)
- dem Gelobten die Hand schütteln und
↓
Mit Erfolg weiterarbeiten ←

Nicht geschafft!

Einmal zurück zur Zielfestlegung →
Danach weitermachen
mit der
↓
1-Minuten-Kritik
indem Sie: ↓
- das Verhalten kritisieren (Gefühlsanteile deutlich machen)
- umgehend kritisieren
- konkrete Einzelheiten ansprechen
- dem Mitarbeiter sagen, was er falsch gemacht hat
- mitteilen, was Sie dabei empfinden
- den Mitarbeiter als Menschen ermutigen (echt empfundene persönliche Anerkennung)
- dem Kritisierten die Hand reichen und
↓
Das Ganze von vorn beginnen →

VIELE JAHRE SPÄTER dachte der Mann an die Zeit zurück, als er zum erstenmal die Grundsätze des 1-Minuten-Managements gehört hatte. Es schien sehr lange her zu sein. Er war froh, daß er die Ausführungen des 1-Minuten-Managers mitgeschrieben hatte.

Die Notizen hatte er zu einem Buch verarbeitet und es vielen Menschen geschenkt.

Er erinnerte sich an den Anruf von Ms. Gomez, die ihm gesagt hatte: «Ich kann Ihnen gar nicht genug danken. Es hat mir meine Arbeit sehr erleichtert.» Das freute ihn.

Er lächelte, als er über die Vergangenheit nachdachte. Er erinnerte sich daran, wieviel er von dem ersten 1-Minuten-Manager gelernt hatte, und er war ihm dankbar.

Der neue Manager war auch froh darüber, daß er dies Wissen einen Schritt weitergetragen hatte. Indem er vielen anderen Menschen in seinem Unternehmen dieses Buch geschenkt hatte, wurden viele ganz konkrete Probleme gelöst.

Jeder, der mit ihm arbeitete, fühlte sich sicher. Niemand fühlte sich manipuliert oder bedroht, weil jeder «von Anfang an» wußte, was er tat und warum er das und das tat.

Sie konnten auch begreifen, *warum* die scheinbar einfachen Techniken des 1-Minuten-Managements – Ziele, Lob und Kritik – so gut funktionierten.

Jeder hatte sein eigenes Exemplar des Buches, das er nach eigenem Ermessen wieder und wieder lesen konnte, bis er es ganz und gar verstanden hatte und selbst in die Tat umsetzen konnte. Der Manager kannte die Vorteile der Wiederholung beim Lernen neuer Dinge sehr gut.

Indem er sein Wissen auf diese einfache und offene Weise mit anderen teilte, hatte er natürlich viel Zeit gespart. Und das hatte seine Arbeit deutlich erleichtert.

Viele seiner Mitarbeiter waren selbst 1-Minuten-Manager geworden. Und diese hatten wiederum das gleiche für viele ihrer Mitarbeiter getan.

Die ganze Gesellschaft war leistungsfähiger geworden.

Während er so an seinem Schreibtisch saß, erkannte der neue 1-Minuten-Manager, wie glücklich er sich schätzen konnte. Er hatte sich selbst das Geschenk gemacht, in weniger Zeit bessere Resultate zu erzielen.

Er hatte Zeit zum Nachdenken und Vorausplanen – das war's, was seine Gesellschaft wirklich brauchte. Er hatte Zeit, Sport zu treiben und auf seine Gesundheit zu achten.

Er wußte, daß er nicht von dem täglichen emotionalen und körperlichen Stress geplagt wurde, unter dem andere Manager so litten. Und er wußte, daß viele seiner Mitarbeiter dieselben Vorzüge genossen.

In seiner Abteilung gab es weniger kostspielige Personalveränderungen, weniger Krankmeldungen und weniger «Blaumachen».

Im nachhinein war er froh, daß er das 1-Minuten-Management *gleich* in die Praxis umgesetzt hatte, ohne abzuwarten, bis er es ganz perfekt zu beherrschen meinte.

Als alle in der Firma sein Buch über das neue Management-System gelesen hatten, hatte er jeden Mitarbeiter einzeln gefragt, ob er es gut fände, wenn im Hause das 1-Minuten-Management eingeführt würde.

Er war überrascht gewesen, als dabei herauskam: Die Menschen wollten zwar auch selber zu 1-Minuten-Manager werden. Aber noch viel wichtiger war ihnen etwas anderes: Ihr Vorgesetzter sollte einer sein!

Sobald er dies erkannt hatte, war es ihm wesentlich leichter gefallen, seinen Mitarbeitern ganz klar zu sagen, er könne auch nicht garantieren, daß er alles gleich auf Anhieb richtig mache, «wie es im Buche steht».

Vor versammelter Belegschaft hatte er zugegeben: «Ich bin es noch nicht gewohnt, jemandem zu sagen, wie gut er seine Sache macht oder wie ich gefühlsmäßig in bestimmten Situationen reagiere. Und ich bin mir auch nicht sicher, ob ich immer daran denke, wie ich jedesmal gleich wieder ruhig und ausgeglichen werde, falls ich mal jemanden kritisieren muß und ihm gleichzeitig deutlich machen will, daß meine Kritik sich nicht gegen ihn persönlich richtet, sondern gegen seinen jeweiligen Fehler. «Probieren Sie's doch einfach mal aus!» hatten seine Mitarbeiter gesagt. Da hatte er lächeln müssen.

Erstens hatte er seine Mitarbeiter einfach gefragt, ob sie von einem 1-Minuten-Manager geführt werden wollten. Zweitens hatte er offen zugegeben, daß er vielleicht nicht immer alle Dinge gleich ganz richtig machen könne. Durch diese beiden Schritte hatte er etwas Wesentliches erreicht.

Seine Mitarbeiter wußten und fühlten, daß er sich vom ersten Tag an echt für sie einsetze. Und *das* war der entscheidende Unterschied.

Der neue 1-Minuten-Manager begann in seinem schönen übersichtlichen Büro umherzugehen. Er war tief in Gedanken. Er fühlte sich gut – als Mensch und als Manager. Seine Zuneigung zu den Menschen hatte sich sogar «ausgezahlt». Er war in der Gesellschaft aufgestiegen, hatte größere Verantwortung und größere Verdienste.

Und er wußte, daß er ein effektiver Manager geworden war, denn sowohl seine Unternehmen als auch seine Mitarbeiter hatten eindeutig von seiner Leistung profitiert.

Plötzlich summte die Gegensprechanlage, und er schrak aus seinen Gedanken auf. «Entschuldigen Sie bitte, daß ich Sie stören muß», hörte er seine Sekretärin sagen. «Aber hier ist eine junge Dame am Telefon. Sie möchte wissen, ob sie einmal kommen darf, um mit Ihnen über unsere Art des Managements zu sprechen.»

Der neue 1-Minuten-Manager freute sich. Er wußte, daß immer mehr Frauen in der Wirtschaft Aufgaben übernahmen. Und er war froh, daß einige von ihnen genauso scharf darauf waren, etwas über gutes Management zu erfahren, wie er es einst gewesen war.

In der Abteilung des Managers lief jetzt alles reibungslos. Wie zu erwarten, war sein Betrieb einer der besten der Welt. Seine Mitarbeiter waren produktiv und glücklich. Und er war auch glücklich. Er fühlte sich auf seinem Posten wohl.

«Kommen Sie, wann es Ihnen paßt», hörte er sich der Anruferin sagen.

Und bald darauf stand er einer intelligenten jungen Frau gegenüber. «Ich freue mich, Ihnen meine Management-Geheimnisse mitteilen zu können», sagte der neue 1-Minuten-Manager, während er seiner Besucherin einen Sessel anbot. «Ich habe nur eine Bitte an Sie.»

«Und das wäre?» fragte die junge Frau.

«Daß Sie alles», begann der Manager, «was Sie jetzt lernen ...»

Weitergeben an andere!

Ende

01 Anhang

:01 Danksagung

Im Laufe der Zeit haben wir von vielen Menschen etwas gelernt und sind von vielen beeinflußt worden. Unseren besonderen Dank möchten wir folgenden Personen zum Ausdruck bringen:

Vor allem *Dr. Gerald Nelson*. Er ist der Schöpfer einer verblüffend effektiven Methode in der Kindererziehung, die er «The One Minute Scolding» genannt hat. Diese Methode haben wir übertragen auf «Die 1-Minuten-Kritik», die sich in der innerbetrieblichen Menschenführung ebensogut bewährt.

Außerdem:

Dr. Elliott Carlisle: Von ihm haben wir etwas über produktive Manager erfahren, die Zeit haben zum Nachdenken und Planen.

Dr. Thomas Conellan: Von ihm haben wir erfahren, wie man verhaltenswissenschaftliche Erkenntnisse und Theorien für jedermann verständlich darstellen kann.

Dr. Paul Hersey: Von ihm haben wir erfahren, wie man die verschiedenen Stränge der angewandten Verhaltensforschung zu einem brauchbaren Netz verknüpft.

Dr. Vernon Johnson: Von ihm haben wir etwas über die sogenannte Kriseninterventíon bei der Therapie von Alkoholkranken erfahren.

Dr. Dorothy Jongeward, Jay Shelov und *Abe Wagner:* Von ihnen haben wir etwas erfahren über Kommunikation und das O. K.-Sein von Menschen.

Dr. Robert Lorber: Von ihm haben wir etwas erfahren über die praktische Anwendung verhaltenswissenschaftlicher Erkenntnisse auf das Wirtschaftsleben.

Dr. Kenneth Majer: Von ihm haben wir etwas erfahren über Zielsetzung und Zielverwirklichung.

Dr. Charles McCormick: Von ihm haben wir etwas erfahren über Körperberührung und Berufsethos.

Dr. Carl Rogers: Von ihm haben wir etwas erfahren über persönliche Aufrichtigkeit und Offenheit.

Louis Tice: Von ihm haben wir etwas darüber erfahren, wie man unerschlossene menschliche Fähigkeiten freisetzen kann.